不動産投資25の落とし穴

Real Estate Investment

ケーススタディとポイント解説

藤山勇司 Yuji Hujiyama

ぱる出版

まえがき――警告！　あなたはいつか必ず地雷《じらい》を踏む！

私は「警告！」などと、これまで強い口調で皆さんに訴えたことはありません。この本を手に取る読者の皆様には危機感を持って読んでいただきたい。そう願ってのことです。

なぜ、そう思ったのか、昨今の不動産投資本の中には、誰でも彼でも大家さんになれると謳い、新築物件を薦め、売却を出口戦略と言い換えて推奨する本が数多く見受けられるからです。

不動産賃貸業は言うまでもなくビジネスです。数値管理の苦手な人、言い換えれば「金を借りてまで浪費を続ける人」が大家さんになると悲惨な未来しかありません。それに、新築物件は支払い途上で不良債権になりますし、出口戦略の売却を基本に据えると本業に差し支える以外にも良い物件は売れ、悪い物件だけが残るという悪循環に陥りかねません。

物件を入手して安定した貸家群を構築しても気を抜くことは許されません。目を離すと、空室率は上昇し、家賃を支払わない店子が続出します。

そして不動産投資で成功している人たちの多くは家庭不和に悩まされています。その理由はお金ではなく、感情です。成功者の多くは家庭も数値で管理しようとし、家事の苦手な奥さんを評価せず、自らネオン街に癒しを求めてしまいます。更に、彼らの子供たちは親の財産をあてにして努力を忘れ、人間としての不良債権になる危機にさらされています。

どんな時にも悩みは存在します。

不動産投資に踏み出す際に悩み、そして不動産投資に成功して経済的自由を手に入れても悩みから逃れることはできません。

本書はその時々に直面する悩みをストーリー形式で書き記しています。どうか、ご自分に置き換えて熟読していただきたい。さすれば、同様の場面に遭遇したとき、「あっ、これってデジャブ?」と、心のどこかに残ることでしょう。

不動産投資は身近な存在になりました。

だからこそ、警告したい。地雷を踏まず、安定した人生を送るために。

なぜ、不動産投資に魅力を感じ、足を踏み出したのか。その動機をいつまでも忘れないでいただきたい。決して、豪遊をし、遊んで暮らそうとしたのではなく、当たり前に働き、安心して暮らしたい。その切なる願いからだったのでは?

不動産投資を考えている人だけでなく、優良な貸家郡を構築した兼業大家さんにも読んでいただきたい。なぜなら、不動産賃貸業は皆さんがこの世から去っても奥様やお子様が引き継いで行かれるからです。

あわてず　あせらず　あきらめず。この三つの『あ』を胸に一歩一歩、着実に歩めば経済的自立のゴールは時間とともに近づいてきます。

皆様のご成功を祈念し、はじめの言葉といたします。

平成24年4月吉日
藤山　勇司

不動産投資25の落とし穴

《ケーススタディとポイント解説》

＊もくじ＊

1章　不動産投資【禁断の掟】

「心構え」で9割は決まる！

2章　不動産投資【禁断の掟】

成否は「物件」が鍵を握る！

3章　不動産投資【禁断の掟】

「運営」で逃れられない5つのこと

4章　不動産投資【禁断の掟】

「賃貸業拡大」5つのセオリー

1章

不動産投資【禁断の掟】
「心構え」で9割は決まる!

◆家庭も不動産投資と同様に数値で判断すると、十中八九破綻する

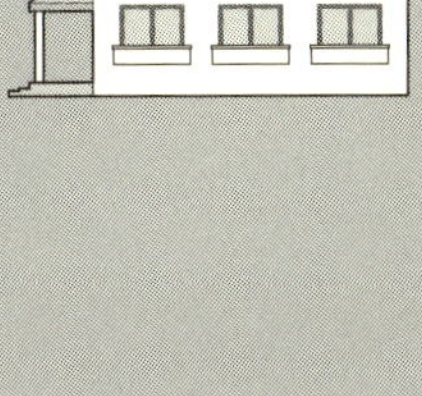

ケーススタディ 01

【投資家心理】すべてを数値で判断してはいけない

深夜のタクシーに揺られ皆川はふいに目を覚ます。

(なんだ、今夜もタクシーか)

崩れ落ちた身体を引き起こしていると、年老いた運転手が声をかけた。

「お目覚めですか。もうすぐ着きますよ」

「……」

皆川は目をこすりながら口を開く。

「もう長いの?」

「いえ、二年前からです」

「そう。前は何やってた人?」

「証券会社に勤めていました。リストラですよ」

皆川の口元は緩む。そして、身を乗り出して話しかけた。

「大家さんになればいいじゃん。僕なんて給料よりも家賃の方が数倍あるんだぜ」

「うらやましいですね。私なんて食べてゆくのに精一杯ですから」

「皆そう言うんだよね。やれば簡単なのにさ」

「次の角を右で宜しいですか？」

「あぁ……」

明らかに話をそらそうとする運転手に皆川は言葉を失う。職場の同僚も押し黙る運転手と同じだ。大家さんがいかに素晴らしいか話し始めると、一人二人と席を立ち、最後は皆川一人になる。たまに、腰巾着のようについてくるのは皆川の財布目当て。今夜もその腰巾着を連れて飲み歩いた。

皆川の自宅は江戸川区内の一戸建て。競売で落札した。タクシーを降りる寸前、皆川は運転手に言った。

「ここでいいよ。なぁ、運転手さん、この家って幾らだと思う？　一千万円しなかったんだぜ」

「そうですか。買った時は四千万円越えていたんですけどね」

「え？」

「いいえ、なんでもありません」

運転手は振り返りながら釣銭を手渡そうとする。皆川は「いいよ、いいから」と転げ出るように外に出た。タクシーは唸りを上げて暗闇に消えた。

酔いのすっかり覚めた皆川は玄関ブザーを何度も押す。しばらくすると、綻びの目立つカーデガンを羽織った妻の幸子が眠そうな目をして扉を開けた。

「遅いよ。何やってたんだ」

「すみません」

幸子は目を伏せ、皆川を見ようともしない。

皆川はネクタイを外しながら言った。

「子供たちは？」

「もう寝ました」

「まだ午前一時じゃないか。博之は高校受験だろ。こんなことじゃいい高校に入れないじゃないか。君は彼になんて言っているんだ？　僕は午前二時まで当たり前に勉強していたんだ。博之は成績だって下がっているだろ。なんだ、洗い物が溜まっているじゃないか。ここ、ここにも脱ぎ散らかしたまんまだ。ほらっ、ファックスも詰まっているじゃないか。いい物件があったらどうするんだ」

「今日はいろいろあって」

「こっちはさ、仕事と大家さんで大変なんだ。家のことぐらい安心させてくれよ」

幸子は口元を押さえ立ち去る。

皆川は「ちゃんとしてくれよ」と追い討ちをかけた。


それから半年後、皆川は東京家庭裁判所の調停室にいる。初老の弁護士は皆川の目を見つめ諭すように言った。

「皆川さん、先方はクラブ桃源のホステスとの不貞の証拠を押さえています。ですから。離婚には応じざるを得ません。財産分与も先方の訴えが認められるでしょう」

「僕が大家さんを始めたんだ。あいつなんか何もしてないじゃないか。どうして?」

「夫婦である期間に築き上げた財産は等分されます。いいですか、この際頭を低くして温情にすがるより他ありません」

「こ、子供たちはどう言っているんです? 幸子が子育てなんてできるはずがない」

「お二人とも奥さんと暮らしたいと言っています」

皆川は肩を落とす。弁護士は言葉をつないだ。

「皆川さん、お子さんと話したことはありますか? お子さんたちは、パパは叱ってばかりだと……。養育費は月々一八万円が妥当だろうと、調停委員は申しております」

「え? 会社からリストラされそうなんです。とてもそんなお金を払えるかどうか」

「先方は賃貸業を含めた確定申告を根拠にしています」

「あれって、去年までで…。今は空室もあるし。それに、これからの計画だって…」

とその時、扉がノックされる。

弁護士は「どうぞ」と口にする。皆川は訳知り顔の調停委員を上目遣いに見る。皆川の肩を持ちそうな人物は見当たらない。

解説 家庭も不動産投資と同様に数値で判断すると十中八九破綻する

いきなり、刺激的なストーリーに驚かれたでしょうか。

人は悩みとともに人生を歩みます。お金があったとしても無いとしても悩みから逃れることはできません。問題は悩みとどう向き合うかです。

本編の主人公である皆川さんはかなりの能力者、本業であるサラリーマン稼業を大過なくこなしながら大家さんとしても成功していらっしゃいます。

なのに、なぜこのような悲劇的な結末を迎えなければならなかったのでしょうか。

それは他人の心理に関心を持たず、己の判断を唯一の拠《よ》り所として人と接していたからです。

「大家さんはいい。なって当然だ。足を踏み出せば簡単なのになぜ目指さない？」

経済的独立を果たした兼業大家さんは揃いも揃って、こう口にされます。私もかつて兼業大家さんでした。平成一〇年八月二一日、勤務先であった大倉商事㈱が自己破産するまで、一二年半の間サラリーマンでした。兼業大家さんを実現した私は誇らしかった。友人や後輩に薦めました。ところが、マイホームを競売で落札する人はかなりいたものの、貸家にまで手を伸ばす人間は現れませんでした。

「人には人それぞれの価値観がある」

昔から散々言われている真理に気づくのはかなり後、尊敬する先輩から苦言を呈された後のことでした。

私は講演会などで「成果を吹聴する愚は避けるのが得策。兼業大家さんは隠れキリシタンに似ている」と申しております。成功された皆さんからすると、「なんで？　大家さんは服務規程にも違反しないし、問題ないでしょ」と思われるでしょうが、人はそう単純ではありません。日本人は特に横並びを重んじる傾向があります。

「お前も馬鹿なら俺も馬鹿、仲良くしようぜ！」

この国では金に頓着しない開けっぴろげな人柄が受けるもの。金をしこたま持っていると判明しようものなら「なんか悪いことをやっているに違いない。絶対そうだ。そう言えば……」とスキャンダルを探しはじめることも往々にしてあります。

「能ある鷹は爪を隠す」

会社ではこの姿勢を堅持して間違いありません。会社は兼業大家さんである皆さんを雇用しているのではありません。ましてや、社員の多くが兼業大家さんとなり、経済的独立を果たすのを望んではいません。

では、家庭における人間関係はどうでしょうか。

基本は夫婦です。

「母ちゃん？　はは、あいつは大丈夫だよ。別れても貰ってくれる奇特な男はいないさ」

本当にそうでしょうか。少なくともあなたが結婚を申し込んだ女性です。広い世の中にあなた以外に惚れる男性はいないでしょうか。四十を過ぎた奥様であっても五十の男性から見ると十歳年下。侮ってはいけません。

皆川さんの大きな失態は、家庭を数値で図ろうとしたことです。台所の洗い物、衣服の脱ぎ散らかし、そして子供の教育。皆川さんは午前様で帰宅した後ろめたさを、文句を言い募ることで誤魔化してしまいました。奥様の幸子さんは綻びの目立つカーデガン姿、この様子から察すると、家計も皆川さんご本人が握っていたのでしょう。


「当然だろ。あいつに任せていたら、いくら金があっても足らない」

確かに、兼業大家さんになられる方は数値に長けた人物です。勢い、家計も管理しようとするのは無理からぬことかもしれません。しかしながら、その形態は上司と部下でしかありません。人生の中で最も長く共に暮らすパートナーを大切にせずして誰を大切にするのでしょうか。

親とのかかわりは一八歳か二十歳、遅くとも二二歳を過ぎ、社会人となれば親との関係は薄れていきます。子供との関係も同じこと。高校生ともなれば、親よりも恋人や友人との人間関係が大切になるのは自然の摂理です。

あなたがいない時に、電話を受け家事をこなし、そして家計の足しにパートに出る奥様はなんと頼もしい人物ではないでしょうか。彼女を充足させてこそ、生活の基盤は確かな物になります。家庭は数値ではなく感情を基本に据えなければなりません。

「なんで？　俺は仕事して大家さんもやっているんだよ。そのくらい当然でしょ」

この威張り腐った態度を良しとするのはホステスさんぐらいなもの。彼女たちは午後八時から深夜までの有料の女優です。奥様は違います。少なくとも結婚した当初はあなたを信頼し、心から愛していらっしゃった。変わってしまったのは誰でしょうか。

皆川さんは成果を言い募るのではなく、感謝の言葉を口にするべきでした。

〝愛してる〟気恥ずかしいなら、「いつもありがとな。なんだかんだで遅くなっても迎えてくれて……」こんな一言でも結構です。

そして、子供たちとの関係ですけれど、彼ら彼女らと過ごす時間は思うほど長くはないことを心に刻み込んでいただきたい。仕事や大家さんで忙しいのは重々承知ですが、子供たちの話に耳を傾けていただきたいのです。横槍や指摘、そして叱責を可能な限り控えるだけで、どれだけスムーズに行くことか。試してみるとその効果に驚かれることでしょう。

子供はあなたの所有物ではありません。むしろ、あなたが働く根拠になっている。子供たちの笑顔はあなたのエネルギー源であることを忘れてはなりません。

そして、福は家庭内で分け与えてください。儲け頭であるあなたが、一般家庭以上に生活費を与えたとしても、豪遊を続けるならば、あなたは家族内で批判の的になることを忘れてはなりません。同じ釜の飯を食べるからこそ、連帯感を維持できるのです。

ケーススタディ
02

【収支計算】身の丈《たけ》を超えて投資してはいけない

両手の荷物が重い。

私はエレベーターの前で指に食い込む結婚式の引き出物を下ろした。

「ばっかみたい！」

意識なく言葉が零れ落ちる。

期待していた。もしかしたら、いいえ、由美子の友達なら私にぴったりの男がいる。きっと、そう。私はこの日に合わせて準備していた。ダイエットは二ヶ月前に始め、スポーツジムとエステティックサロンにも通った。

エレベーターの到着音とともに扉がすっと開く。

視線を落とした先には乳母車が見える。結婚式の引き出物をあわてて掴みあげた途端、片方の取っ手は引きちぎれた。

「大丈夫ですか？」

おっとりとした女性の声にはっと我に返り、顔を上げた。そこには二十歳そこそこの女の顔。

私は「こんばんは。可愛いですね」と口にした。

「まだ、八ヶ月なんですけど、やんちゃで困っちゃう」

「そう、なんだぁ～、大変ですね」

「男の人ってなんでああなんですかね。帰ってくるなり、〝べろべろばぁ、パパですよ〟って笑っちゃう……」

ひとしきり、顔も知らない女の自慢話につきあったからだろうか、顔が引きつっている。部屋に戻った私はクレンジングクリームで化粧を落とす。三〇を間近に控えているからだろうか、朝起きると目じりの辺りの小じわが気になり基礎化粧品のランクを二つ上げた。

大人になったら、素晴らしい未来が待っていると信じていた。夢中で読んだのはシンデレラ。不遇な子供時代を過ごしていても必ず白馬に乗った王子様は現れると思っていた。

なのに……。

誰も彼も王子様には不合格。暇を潰すにはいいけれど、人生の荒波を乗り越えるには不満が募った。それでも社会人になって数年は声をかけてくれる男はいた。ただ、ここ数年、その数はめっきりと減った。

冷蔵庫を開けて、ミネラルウォーターを取り出す。一本四〇〇円の超高級品だ。身体の九〇％は水分と聞いて定期購入を決めた。おかげでシミそばかすの類は同年代の女性よりも少ない。ヴィトンのバッグからメールの着信音が聞こえる。

二次会でメールアドレスの交換をした中の男性からだろうか。私はティッシュでクレンジンググリームを拭き取り、デコレーションを施した携帯を開いた。

「なんだ、ママか」

メールの相手は二年前に勤めはじめたスナックのママからだった。今日予定していた女の子が月の物で出勤できないのでヘルプについてくれないかとの内容だった。

本業の事務を疎かにしているわけではない。営業事務の仕事は完璧にこなしている。ただ、生きてゆくには満足の行くお給料ではない。流行に乗り遅れることは結婚を諦めることと同じ。部屋もアパートでは足元を見られる。将来結婚する相手に安い女と見られるのは我慢がならなかった。人は身分不相応と言うかもしれない。ただ、それは価値観の相違というものだろう。足りないなら、稼げばいい。私は夜の世界に足を踏み入れた。

メールには数件の留守番電話が登録されていた。

着信相手を見る。

自宅を紹介してくれた不動産屋と消費者金融会社そして、実家の母からだった。

前の二つは分かっている。家賃の督促と返済の督促だ。あと、一週間待てばボーナスが出る。それで問題は解決する。支払いさえすれば、鬼だった顔は菩薩に変わる。あれほど、滞納を繰り返していたのに、半年前にキャッシングの枠は拡がった。今は資金繰りがちょうど悪いときだ。結婚式が立て続けに決まり、予定していなかった出費が重なった。

「どうってことない」私はそう言いながら、洗面台に向かう。

タオル、歯ブラシ、鏡、どれも一点の曇りなく磨きこんでいる。チャンスはいつやってくるか分からない。だらしない女と思われたが最後、男は大事にしてくれないのは、過去に経験済みだ。念入りに化粧を落とし、最高級のパックを顔や喉、首筋にも摺りこんでゆく。肌に染み渡るのが分かる。これで五歳は若返る。人生でモテキだったあの頃に戻る。

とその時、リビングの横の固定電話が鳴った。

固定電話を知っているのは、会社や身近な人だけ。私は少し急ぎ足でリビングに向かう。床のお掃除ロボットルンバが動いている。将来訪れる男性が花粉症や埃アレルギーだったらと思って買い求めた。今は賢いペット。「あんたは偉いね」と声をかけた。

ストレートパーマをかけた長い髪をかき上げ、子機を耳にあて口を開いた。

「母さん、どうしたの?」

母は、いつものように「どうしているのか」「いつ帰ってくるのか」「結婚はまだか」と壊れたボイスレコーダーのように同じことを言う。

「大丈夫だから、心配しないで」

「美代子、でもね。今日、消費者金融会社から電話があったのよ。どうしたの?」

「え?」

「だからさ、お金が振り込まれていないって。連絡取れないから、美代子さんは大丈夫ですかって。お父さんもびっくりして〝電話しろ!〟って。無理してないかい?」

「リ、リボルビングよ。来週にはボーナス出るから……」

母は「リボルビング?」と聞き返し。私はごちゃごちゃと説明をして電話を切った。確かに、来週のボーナスで一時的に凌げるものの、月々の収支は赤字だ。やはり、稼ぎを増やさなければ。

私はスナックのママに電話をして、遅れても良いなら今から出勤しますと連絡を入れた。

未来はいったいどうなるのだろうか。

私は脳裏をよぎる弱気な自分を振り払い、再び化粧をする。もしかしたら、お店で白馬の王子様に出会えるかもしれないと微かな期待を抱きながら。

解説 見栄は禁物、資産スケール表で己をコントロールせよ！

まず、資産スケール表をご覧ください。

縦軸は担保価値、横軸は純利回りそして交点は当該資産の市場価格を表した三次元のスケールです。本スケール表は三年前の平成二〇年一月に上梓した「逆転の相続（廣済堂出版）」に掲載したものです。資産には金融資産から不動産、そして債権・債務にいたるまで様々な種類があります。そうした雑多な資産を一枚の紙に落とし込むツールとお考えください。

さて、資産スケール表に皆さんの資産を転記していただければ皆さんの資産がどんな構成であるのか一目瞭然となります。そして、全ての資産を数値化し、合計して一点に絞り込むと資産から見た皆さんの位置関係が明らかになります。どこにいてもいいのです。大切なのは己の位置の把握です。

資産スケール表

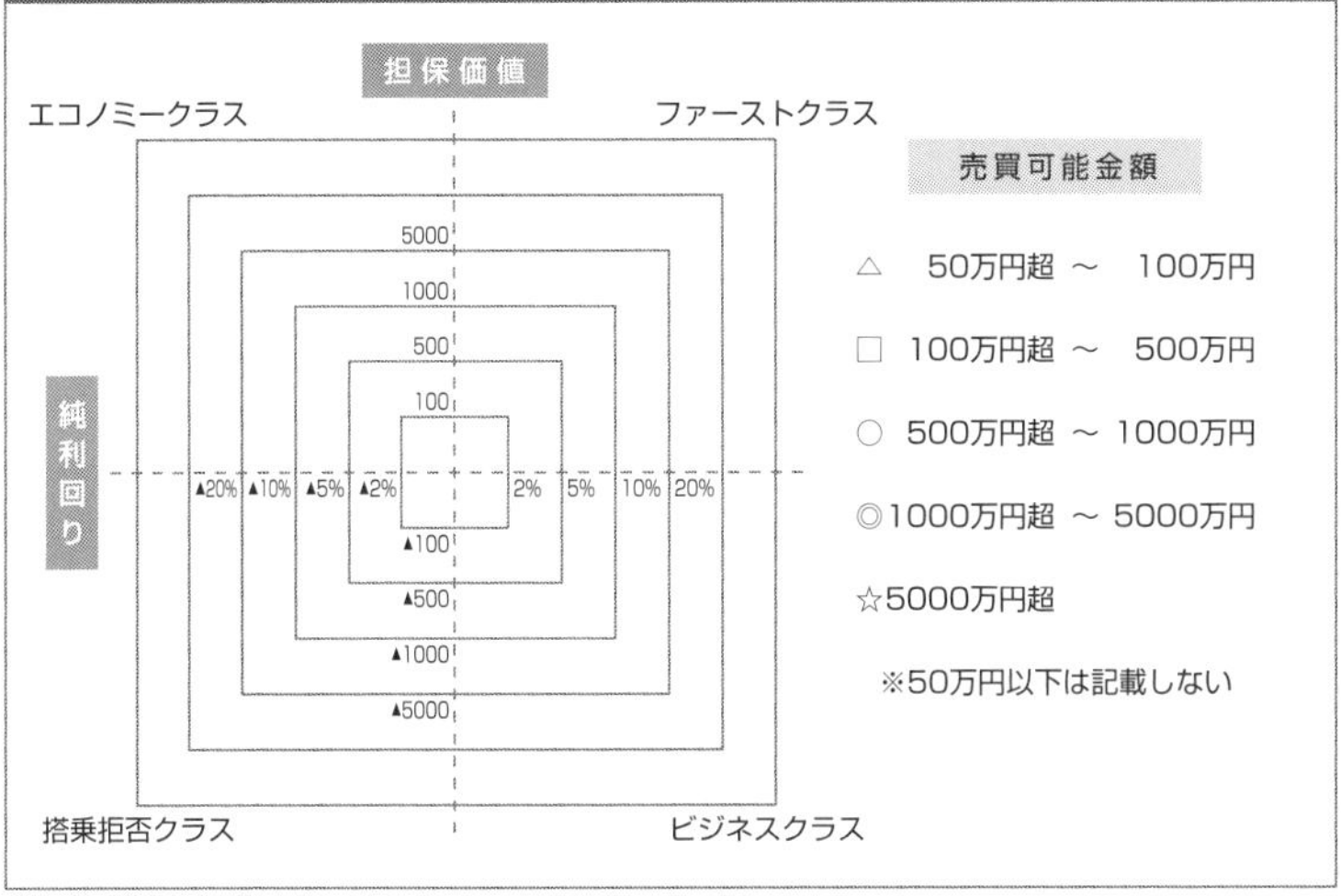

さて、美代子さんの資産は左枠の資産だけです。消費者金融からの借り入れは所有していると、金利という債務を支払い続ける必要がありますし、なくすにはそれに見合う現金を投入しなければならないので『搭乗拒否クラス』の資産です。また、所有する高級バッグ、お掃除ロボット、ブランド物の服や高級化粧品は右上の『エコノミークラス』の資産、毎年三〇％以上価値が下落し、ついには換金できなくなります。

そして、彼女の消費性向は最悪、本業を完璧にこなしながら副業にも力を注げる高い能力がありながら、残念な結果です。稼いだお金以上に使うのですから、どうしようもありません。

投資とは、投資した金額以上にリターンがなければ成立しません。そして、その前提となる資産の蓄積が欠かせません。仮に一〇億円稼いだとしても一一億円使うと、毎年一億円の赤字となり、早晩破綻します。

「そんな、一〇億稼いだらそんなに使わないでしょ。少ないからマイナスになるのよ」

果たしそうでしょうか。卑近な例では急逝したマイケル・ジャクソン氏は巨額の稼ぎがありながら、資産を差し押さえられました。浪費と金額の大小は関係ないのです。

美代子さんは勘違いされているのでしょう。金持ちの雰囲気を醸し出せば結婚に近づくと。そうした男性もいるのでしょうが、果たしてそうした出会いの先に安定した結婚生活はあるでしょうか。結婚生活は長く、装っていても必ず地金が出ます。結婚は損得でするものではなく、感情で結びつくものです。でなければ、旦那さんは月々三万円のお小遣いで朝から晩まで働いたりしません。

出会いは大切に、しかし、過ぎた背伸びは後々自らの首を絞めることになります。

それから、資産スケール表の右下は所有しているとキャッシュフローをもたらしてくれる純利回りプラスだけれども、担保価値はマイナスの資産『エコノミークラス』です。そして右上の資産は純利回り、担保価値ともにプラスの資産『ファーストクラス』です。

投資家が狙うのはこのクラスの商品、しかも純利回り五%以上であれば、所有し続けることが可能です。驚いたことに、年利〇・〇一%の普通預金もファーストクラス。ただし、普通預金は仮の姿、早晩商品の購入や消費に使われる運命です。市場価値一億円のファーストクラスの商品を所有していれば、毎年五〇〇万円のキャッシュフローがあるのですから、所有する価値はあります。

本書では『ファーストクラス』の商品の作り方を指南いたします。

ケーススタディ03

【一攫千金《いっかくせんきん》はない】一切、ギャンブルに近づいてはいけない

細いメンソールのシガレットを淡いピンク色の灰皿に押しつぶす。

開店から三時間過ぎたのに、客は誰も来ない。不況は夜の歓楽街に分け隔てなく押し寄せている。二階に店を出したのが悪かったのだろうか。いや、少し前は来たお客に頭を下げ、お引取り願うこともよくあった。有線から「昭和枯れすすき」が流れている。

「はは、あたしみたい」

智子は唇を歪め呟いてみる。

と、その時。扉が勢い良く開いた。開店当初から馴染み客の良夫だった。

「なんだ、あんたか。出禁にしたはずだよ」

「金か？　金ならあるぞ。ほらっ、もってけ泥棒」

良夫はピン札の束をポンとカウンターの上に投げ出した。何があったのか、不安になりながらも、お金を数えながら言った。

「何して来たのよ？」

「聞きたい？」

「変な金じゃないでしょうね。とばっちりはごめんだよ」

「失敬だな。じゃ、言わない」

つけは八万円ほど。延滞金として一万円を余分に多く取ったのは内緒にする。良夫は口を尖がらせ、もじもじしている。

この男と何度か肌を重ねたことがある。自宅に行き､朝食や夕食を作ったこともある。ただ、一生を賭けるほどの人間ではない。いつも、大きな夢ばかりを口にしていた。

「ようやく、運が向いてきたよママ」

「言わないんじゃなかったの？」

「そんな意地悪言わないでよ。ね、スコッチをダブルで。ママも飲みなよ。今日は大盤振る舞いだ」

金があれば無くなるまで散財する。良夫の癖は変わっていない。ただ、こうした時でなければ美味しい思いはできない。シャンパンをねだり、グラスを傾け良夫の顔を見つめた。

「ママはいつまで経ってもいい女だよな……」

「懐が温かいと、お世辞もうまいね」

「ほんとだよ。どうだ、俺と所帯を持とうなんて気にはならないか？」

「あんたが、博打をやめたら考えてあげる」

良夫は悪い男じゃない。暴力を振るうわけでも、冷たい人でもない。ただ、この男の博打好きは半端じゃない。朝から晩まで頭の中を占めているのは賭け事だけ。部屋の中は驚くほど何もない。布団も一つきり、仕事着は最低限のものが狭い洋服ダンスにかかっていた。そして、どれも同じ物だった。良夫は「選ぶ必要がないからこれでいいんだ」と笑っていた。

「あんたさ、勤め先は固いんだからさ、地道に生きるってこと考えられないの?」

「地道?」

「そう、市役所の会計課でしょ。お給料だっていいでしょうに。なんで賭け事なの」

「一攫千金は男のロマンだからな。ママ、俺だっていろいろ考えているんだ。借金はしてないぞ。賭けるのは手金だけだから、当たれば濡れ手に粟だ。ほらっ、これ。これ見てくれ。銀座の宝くじ売り場で買ったんだ。前後賞で三億だぞ三億。賭けなけりゃ、指を咥えて見てるだけ~、見てるだけ~。そんなもったいないことできないでしょ」

良夫はドリームジャンボ宝くじを扇状に拡げて扇いで見せる。いたたまれなくなり、席を外し、まな板の前に立つ。良夫はすがるように言った。

「当たったら、どっか行こうぜ」

「どこよ?」

「せ、世界一周とかどこでもいいよ……」

「仕事辞めるの?」

「三億あったら仕事なんかする意味ないでしょ」

(あ~あ、バカらしい)

強張った顔を揉み解し気分を入れ替え、明るい声で返した。

「そりゃそうだ。ははは、あたしも願かけるよ。当たれ、当たれぇえええ」

「当たるぞ、当たるぞぉおおお」

「ははは、ね、お腹減ったでしょ。ところで、今日は何が当たったの?」

良夫は待ってましたとばかりに得々と今日の成果を話した。新宿四丁目にある場外馬券場、ウィンズ新宿で万馬券を当てたのだ。それも最終レースだったので、払い戻されたお金を減らすことなく、まんまと勝ち逃げを決め込んだのだ。

良夫は鼻息荒く続けた。

「明日は西武園で競輪勝負だ」

「競輪?」

「そっ、ママも来る?」

再び顔が強張ってゆく。どうして、ここで落ち着くことを知らないのだろうか。折角勝ち逃げできたのに、翌日にはオケラ街道を歩くことを想像できないのだろうか。悔しくて涙が出る。

「どうした?」

「なんでもない。あんたが稼いで勝ったお金だものね。好きにしたらいいよ……」

「なんか怒らせたか。……、ママは明日どうするの」

「パチンコでもして過ごすよ。あたしの唯一の趣味だからさ」

良夫は身を乗り出し「どこ?」と聞いてきた。

「池袋駅前のタイタン。新装開店なんだよ」

「新装か……」

「何よ」

「いや、最近新装開店しても釘は締めてるらしいぜ。それより、今はスロットでしょ」

「スロット？　あたし、押し目できないし。よく分かんないよ」

「押し目の良夫は有名だぜ。一緒に行こうか」

良夫は西武園のことなど忘れたようにスロット談義を熱く語る。最初は口からでまかせだと思った。ただ、役の種類や機種についての知識は半端じゃない。次第に良夫がスロットの大家に見えてくる。

「それでは、明日の必勝を期して、かんぱぁ〜い！」

二本目のシャンパンを開け、グラスを重ねた。

解説

己を特別視するな。ギャンブルを好む輩に不動産投資の資格はない！

宝くじ、ロトシックス、ｔｏｔｏ、パチンコ、スロット、競馬、競艇、競輪……。世の中には様々なギャンブルが蔓延しています。パチンコやスロットの開店時、氷点下の真冬でさえ長蛇の列が出来るのは皆様ご存知の通りです。年末ドリームジャンボ宝くじを買い求める庶民の姿は年末の風物詩ですし、天皇賞や有馬記念で熱狂する観衆の姿には驚くばかり。

ただ、賃貸業での成功を目指すならば一切、手を切ってください。

「有馬記念と宝くじはいつも買っているから。それに、震災復興にも役立つでしょ」

もし、震災復興が目的ならば、あなたの懐が痛まない範囲で直接、寄付されるべきです。そうした言い訳で大切なあなたの資金を汚してはなりません。

市役所に勤務する良夫もスナックのママも程度の差こそあれ、ギャンブル好きです。その姿勢が現実を遠ざけ、日々努力する姿勢をゆがませています。


断定をあまりしない私ですが、ギャンブルだけはいただけません。何も得るものはありません。ギャンブルを好む人の性格の底には『自分だけは違う。きっと儲かる』と言う、自己中心的な考えが居座っています。そして、勝とうものなら『ほら、やっぱり勝った。俺は特別な存在だ。きっと、次も勝ち続ける』と考えてしまい、深みに嵌ります。

「そんな……。いや、そんな大げさな」

大げさではありません。事実です。

例えば、ドリームジャンボ宝くじを高らかに宣伝し続ける西田敏行さん。彼は心の底から宝くじが良いと思ってコマーシャルに出ているのでしょうか。もし、そうなら、数千万円の出演料でドリームジャンボ宝くじを買っているのでしょうか。

「いや、それはないでしょ」

そう、彼に問いただすまでもありません。宝くじの配当率は四五%です。つまり、年間一兆円の売り上げから、一等前後賞の三億円を含め配当に回されるのは四五〇〇億円でしかありません。仮に西田さんの出演料が一億として、全額宝くじを購入すると配当金として期待されるのは四五〇〇万円。こんなバカなことをするはずはありません。

投資とは合理的な経済行為です。投資したお金と、それに費やした労力以上のリターンがなければ成立しません。この当たり前の事実に目をつぶらないでください。

庶民の娯楽の代表格はパチンコやスロット。ママは「趣味だから」の一言で片付けていますが、ならば良夫の情報に引き寄せられたのは何故でしょうか。それは、彼女の「趣味だから」の後ろには儲けたいという欲望があるからです。

さらに、パチンコやスロットで働く従業員の給料、機械の購入費に電気代そして建物の建設費に減価償却費そして金融機関への利子支払いにオーナーの利益。さて、これらの巨額の費用を負担しているのはいったい誰でしょうか。税金が投入されているわけではありませんので、店を訪れるお客様が負担しているのは動かしようのない事実です。

「俺は儲かる。他の奴とは違う」もし、ここまでお読みになり、そうした考えに変化がないならば、賃貸業に足を踏み入れてはなりません。なぜなら、合理的に考えられない人は大怪我をすることになるからです。

ケーススタディ

04

【約束と信用】

守れない約束をしてはならない

玄関の扉を叩く音に目が覚めた。

心当たりはある。ただ、何をして良いのか分からぬまま時間は過ぎていった。頭を掻くと、乾燥したフケがぼろぼろと落ちた。灰皿に突き刺さったシケモクの中から長い物を抜き取り、火を灯す。扉を叩く音は止んでいた。

雑然とした部屋の中に横たわるプラスッチック製の三輪車に目が止まる。

三ヶ月前まで嫁と三歳になる長女との暮らしがあった。

「なんで、あんたはそうなのよ」

「仕方ないだろ、でも金の当てはあるんだ」

「嘘……」

「本当だ。来週には入る」

嫁はあくる朝、長女を連れて出て行った。

枕元の携帯電話を手に取り、親友の香川にかけた。

「おっ、俺だ」

「なんだ」

「いや、どうしているかなと思って」

「貸した金の算段はできたか」

「ああ、そのことね。心配ないよ。来月には入るから」

「ほんとか？」

「信用ないな」

「お前を信用した俺がバカだったよ。貸した金はくれてやるから、二度と電話をしてくるな」

香川は断りもなく電話を切った。いったい何を怒っているのだろうか。これまでの友情はどうした。怒りがふつふつと湧き起こる。再度携帯に電話をかけると、着信拒否になっていた。

携帯を開き、『あ』の欄から一つ一つアドレス相手の顔を思い浮かべる。いずれも金を無心した奴らばかり。追い貸しに応じてくれる人間は見当たらない。

（だめか……）

携帯を放り出し天井を見上げる。一体何が悪かったのだろうか。努力はしてきた。それなりに成果もあげた。会社での昇進は遅かったものの、係長にもなった。結婚して子供も出来た。やってきたことを数え上げれば、かなりある。

ただ、今の自分を信用してくれる人間は見当たらない。

と、その時、扉の開く音がした。そしてチェーンを切断する音が甲高く響いた。身体を引き起こす。吸い口まで燃えたタバコが唇を焼いた。

「あっちっぃ」

唇から吹き飛ばす。布団の中に隠れたタバコから煙が上がる。両手を広げてタバコを探した。

「なんだ、いたんですか」

「え？」

大きく開いた引き戸の向こうには黒いフレームのメガネをかけた白髪混じりの男が鋭い視線で見つめていた。

「誰？」

「東京地方裁判所民事執行センターの木村です。通知は見てますよね、安藤さん」

「通知ですか……」

三五年ローンで購入したマンションは差し押さえられ、競売開始の通知が届けられていた。今日は物件明細書の室内撮影。執行官はなんでもないことのように口を開いた。

「そこ、邪魔です」

「邪魔？」

「写真撮影をしますから、どいてください」

フラッシュがばしばしと焚かれる。個人情報保護法はどうしたのだろうか。私物を片付ける暇もなく３ＬＤＫの自宅は隅々まで撮影された。執行官の木村は手元のボードに視線を落としたまま聞いてきた。

「同居人は？」

「僕だけ、です」

「別居？　それとも離婚？」

「まだ、離婚はしていません」

「雨漏りとか、床のきしみとかある？」

「いえ、特には」

木村はかりかりとボールペンを走らせる。いたたまれなくなり、口を開いた。

「銀行とは話している最中です」

木村は応えぬまま、移動する。後を追いかけ再度同じこと言うと、木村は振り返り、口にした。

「私の職務には関係ありません。それはそれ、これはこれです。さて、これで終了です。では、私共はこれで失礼します。内鍵のチェーンは民事執行法に則り解除いたしたのでありますが。債務者兼所有者である居住者を確認できましたので、鍵は閉めませんので。それでは、陳述書の内容に間違いがなければサインを頂けますか」

立て板に水とはこのことを言うのだろうか。口を挟めぬままサインをすると、カメラマンと立会人、そして執行官の三人は姿を消した。

がらんとした室内。台所に行き、冷蔵庫を開ける。中段に飲みかけの缶ビールがある。強く握り締め煽ると、気の抜けた液体が喉を通過してゆく。平日の午前十一時、いったい俺は何をやっているんだ。ふいに突き上げる自己嫌悪が襲う。

寝室から弱弱しく携帯の鳴る音を耳にした。手にした空の缶ビールを捨て、転びかけながら携帯に出た。

すると……。

「パパ、元気ですか」

「あ、彩ぁあぁ」

涙がとめどなく溢れてくる。子供の声がこれほど嬉しいと思ったことはない。そして嫁の声に変わった。

「会社、辞めたんでしょ。ね、実家に来ない？　もう一度やり直そう。でも約束して。できない約束はしない。いい？　彩にとってパパはあんた一人なんだから……」

俺は全力で首を縦に振り、生き直すことを誓った。

解説

口約束も立派な契約、言動を一致させる癖をつけろ！

書面にした契約でなければ守る必要はない。もしかして、そんなことを思っているなら、考えを改めてください。書面にしていない口約束も契約の一つです。そして、何よりも人は様々な約束をしながら暮らしているという事実を再認識してください。

会社に定刻に出社する。定められた仕事をこなし、夕食の時間までに帰宅する。遅れるなら、その旨を連絡する。子供と交わした約束だから、奥さんとの約束だからと言って、仕事や付き合いを優先しない。ご存知のように、改めて言う必要もない人間関係の基本があります。もし、こうした基本から逸脱するなら、その方の信用は地に落ちます。

会話でその場を取り繕うことはできます。詐欺師は美辞麗句で言葉を飾り、途方も無い約束をして金品を掠め取ります。なぜ、そうしたことが可能なのか。それは、言葉以外に資本も努力も必要ないから、はなから交わした約束を守るつもりがないからです。

「つい言うてしもうたんや。あん時は出来るはずやったんや」

約束を違えた人の言い訳の代表例です。「つい」「魔がさした」「できるはずだった」こうした方々は自己保全を前面に押し出し、新たに守れぬ約束をしがちです。そして、また守れない。最後には誰も信用しなくなる。これでは、そっぽを向かれても仕方がありません。

見栄を張る必要はありません。出来ないなら、「出来ない！」と断る勇気を持ってください。申し出を断ったその場では「そうか、駄目か……」と相手はがっかりするでしょうけれど、信用が傷つくことはありません。信用が傷つくのは約束をして、約束を実現できないとき。実現に努力しない姿です。口からでまかせ。口から野郎などなど、口先で物事をどうにかしようという姿勢は忌み嫌われる現実を受け入れてください。

安藤さんは、付き合いの良い人なのでしょう。なんでも安請け合いしてしまい、周囲を混乱させてしまいます。「しょうがないな……」周囲の人もそれで許していた……。ただ、金銭にかかわることは「しょうがない」で済みません。住宅ローンを滞らせれば、二ヶ月で差し押さえられ、競売を申し立てられます。そして翌月には裁判所から依頼された執行官が競売不動産の物件明細書を作成するため、物件内部の写真撮影を実行します。鍵をかけていても無駄。鍵は腕利きの鍵開錠人が開け、内部にチェーンがかかっていたなら切断します。

不動産投資は金銭抜きにして語ることはできません。そして、様々な人と口約束を前提にして進めていきます。物件を案内してもらうための場所と時刻もその一つ。それを「契約じゃないから」とドタキャンを繰り返すと、誰も物件を紹介してくれなくなります。当たり前なのです。約束は相手にも履行を求めます。行動と時間を制約するのです。だからこそ、こちらも大切にしなければなりません。

言葉でその場を繕えても、最後に信用するのは行動です。行動がなぜ信用されるのか、それは、行動は嘘をつけないからです。金融機関は融資対象者の言葉ではなく、過去の行動、つまり「実績」だけを審査の対象とします。

雄弁である必要はありません。可能なことなら約束をし、不確かであれば、その予測も添える勇気を持ってください。

安藤さんは愛娘の愛情により、立ち直るきっかけを手にすることができました。出来ない約束はせず、信用のある行動をとられることを願って止みません。

ケーススタディ

05

【決断と継続力】

ずっと先のことまで考える必要はない

息が切れる。顔には大粒の汗が浮かび、あごの先から流れ落ちているのが分かる。左右の木製のバーに体重をかけ、一歩一歩進む。三ヶ月寝ていただけでこれほど筋力が落ちるものだろうか。重力の過酷さを身体全体で感じる。

「あと少し、記録更新ですよ」

「……」

返事を返す気にもなれない。そんなことは分かっている。やると決めた。決意したあの日の自分が尻を叩く。

三ヶ月前、ホンダCBR250Rで疾走していた。風を切り裂く車体は顎を向けるだけで車体はぺたぺたと寝る。コーナーでスロットルを回すと、リアタイヤは思うように滑った。

（いい……、こいつ思い通りに走る）

明日の集会にお披露目しよう。そう考えていた。山を縫うような道路を思う存分走り、牛丼を掻きこんで帰るつもりで市街地に下りた。午前四時、誰もいない三車線の道路は気持ちが良かった。

スロットルを開き、エンジンを空ぶかしする。ゼロヨンは何秒だろうか。いや、今日はやめておこう。楽しみは明日まで取っておこう。そう考えていた瞬間、衝撃を感じた。ライダースーツを着た身体は木の葉のように空中に飛んだ。

（死ぬのか、まっ、それもいい。面白くもない人生だった）


人は死ぬ瞬間走馬灯を見ると言われているが、脳裏を駆け巡る物は何もなかった。

子供の頃から、ちやほやされて育った。努力をしなくても勉強はできたし、運動会でも常に一等賞だった。それが、いけなかったのだろうか。何かに打ち込むことはしなかった。バスケットクラブで汗を流す選手やスイミングクラブに通う友達を負かすことで優越感を覚えていた。

ただ、中学二年生になると状況は少しずつ変わった。クラブ活動を続ける友達の体格は様変わりし、勉強に励む友人には劣等感を覚えるようになった。授業を聞いていても分からないことばかり。いらいらはつのり、次第に授業を妨害するようになった。

「お、お前はもう来なくていい」

「そうかい。そうするよ」

担任のつい漏らした一言を根拠に登校しなくなった。もともと大柄だった背丈にまかせ、荒れた。家族は見て見ぬふり、家庭内暴力を恐れた両親はお小遣いでごまかした。

その結末がこれ。

文句はない。生きていてもいいことなんてない。これで自分が死ねば、世間体を気にするお袋や仕事命の親父も胸を撫で下ろすだろう。そう思っていた。


ただ、そうは問屋が卸さなかった。

意識を取り戻したのは五日後だった。大腿骨と鎖骨の粉砕骨折、脊椎に損傷はなかったものの、背骨の二箇所は圧迫骨折、その他もろもろ打撲は全身に及んでいた。俺は突き上げる痛みに声を上げ、口の痛みに気づき再びうめいた。

お袋の話によると、居眠りをしていた長距離トラックに追突されたのだ。トラックは追突した拍子に進路を変え、信号機をなぎ倒し運転手は即死していた。母子家庭の長男、年齢は俺よりも二つ上の青年だった。母親が見舞いに来たものの、事情を知った俺は何も声をかけることは出来なかった。

あの時、ゼロヨンを試せば、おそらく追突されることはなかった。俺が楽しみを明日に伸ばしたのがいけなかったのだろうか。なぜ、家族に迷惑ばかりをかけている自分が生き残り、孝行息子の運転手が死ななければならなかったのか。何度考えても結論はでなかった。悶々とした日々を送る中、「それが運命」と押さえ込んだ。

運送会社の総務部長も来た。俺は信号機の前、停止線の手前で停車していたので、過失はなかった。過去に暴走行為で検挙されたことはあるものの、あの日は納車に備えて免許を所持していたし、点数は残っていた。総務部長は同行した損保会社の人間とともに徹底した治療を約束した。

病院ほど暇な所はない。特にギプスで固定された俺にはそう思えた。ただ寝てるだけ。そばには点滴スタンドがあった。内蔵にも損傷を受けていたので、一ヶ月を過ぎるまで流動食さえ口にできなかった。若い身体だったからか、一月過ぎると、右腕は自由になった。


変わらぬ日常に飽きていた頃、あの坊やがやってきた。

「お兄ちゃん、どうしたの?」

「事故。バイクで事故ったの」

「痛い?」

つぶらな瞳は本当に心配そうだった。「強いから平気だよ」と返すと坊やは弾けるような笑顔で喜んでくれた。

坊やはそれから何度も来た。時には絵本を手にして俺に読んでくれた。分からない漢字の時には「ね、これなんて読むの?」と口にした。俺が「ぼくのまえにみちはない　ぼくのうしろにみちはできる」と読むと、「すごぉ〜い。お兄ちゃん偉いんだね」と尊敬の眼差しを向けてくれた。ここ最近、褒められた覚えのない俺はなんだかこそばゆくなった。

そして……。

坊やは来なくなった。看護士に尋ねても要領を得なかった。「退院したのか」と忘れかけていた頃、坊やの母親がやって来て、涙声で言った。

「生前は本当にありがとうございました」

「え⁉」

「良則は、〝お兄ちゃんはすごい。大きくなったらお兄ちゃんみたいに強くて、賢くなるんだ〟って……」

声も出なかった。痛む背中に力を入れても身体が動くことはなかった。

木製のバーに貼られた赤いテープの印を右手でしっかりと掴む。両足は悲鳴を上げる寸前だが、力は抜けていない。俺は身体の向きを変え再び歩き始める。リハビリ士の「もう今日はいいんですよ」という声が聞こえる。

（何がもういいだ。俺はまだまだやれる。まだまだ、まだまだ……）

呪文のように繰り返し、身体を動かし続ける。それが今の俺にできること。坊やの手にした絵本の中の台詞が俺を支えていた。

高村光太郎の詩の一節だと後で知ったが、今の俺にはこれで充分。

「僕の前に道はない　僕の後ろに道はできる」

解説

スキルを身につけた過去に感謝し、目前の課題に立ち向かえ！

「昔は良かった」多くの人の口から漏れるこの言葉、果たしてそうでしょうか。幼い頃は楽しかったと感じるのは記憶の悪戯に過ぎません。幼い頃は幼い頃で高いハードルが目の前にありました。それは漢字ドリルだったり、九九だったり、逆上がりだったりしました。人によっては泳ぎだったり、駆けっこだったり、友達づくりだったかもしれません。

いずれにせよ、なんらかの障害が目の前に横たわっていたのです。

「俺は駄目だ」自己嫌悪に陥った方から漏れるこの言葉、果たしてそうでしょうか。話せ、読め、書けるとしたら、生まれたままではありません。過去のご自分が努力したからこそ、培った能力です。自転車に乗れるでしょうか。クルマを運転できるでしょうか。もし、そうなら、今日獲得した能力ではありません。過去のご自分が獲得したものです。

何かを始めるとき、足らないことよりも所有する能力を数えてください。これは鉄則です。足らないことなど山のようにあります。そこに焦点を向けると、歩み始めようとした足はぴたりと動きを止めることでしょう。ところが、所有する能力を数え始めると、「もっとあるぞ、俺はこれもできるし、できた」と過去のご自分がしゃしゃり出てくるものです。これでスタートラインに立てます。

さて、皆さんは何を望まれるでしょうか。夢や目標を抱けるなら、例え第三者から見て絵空事に思える物だとしても、可能性はゼロではありません。なぜなら、可能性皆無の目標など立てることなどできないからです。

例えば、今年のロンドンオリンピックの百メートル走で金メダルの夢を抱けるのは全世界七〇億人のうち百人ほどでしょう。それ以外は脳裏を掠めても「ないない、あり得ない」と心が言下に否定してしまいます。

ストーリーの主人公はやり場のない怒りを周囲に撒き散らしていました。事故に合い、身体の自由を失い、人の死に触れて『生きる』意味を見つけました。彼はこれからどこに進むのか定かではありませんが、前進するきっかけを掴みました。

本書を手に取られた皆さんは、不動産賃貸業に興味を抱かれた。その切欠は何でしょうか。行方定かでない年金の将来、もしくは終身雇用の影も見えなくなった労働環境など数々の障害を目にされたことでしょう。いずれにしても、このままではどうしようもないという閉塞感から新たな道を模索されているのではないでしょうか。

経済的に自立した大家さんの将来像を描けるとしたなら、あなたは大家さんになれます。継続して努力すれば、必ずやゴールテープを切ることができます。なぜなら、あなたの心は否定していないからです。

そこで重要になるのは決断と継続力です。決断した動機をどこかに書き留めておいてください。なぜ、大家さんにならなければならないのか。その理由を詳細に記述し、心が折れそうな時には読み返してください。

そして、兼業の不動産賃貸業を目指す努力を継続するには、ずっと先まで考えないことです。今日のことか一週間先のことだけで充分です。仮に、死ぬまでに何度お風呂に入り、トイレに行き、仕事をしなければならないのか計算するとウンザリしてしまいます。焦点は今に当てるべきです。

時間は瞬間の連続です。今、生きている瞬間に何をするのか、その行動があなたの未来を変えます。まさに、「僕の前に道はない　僕の後ろに道はできる」なのです。

2章

不動産投資【禁断の掟】
成否は「物件」が鍵を握る!

◆新築物件を購入すると、返済しているにもかかわらず
不良債権となる

ケーススタディ06

【新築物件の罠】新築物件を安易に考えてはならない

眠れない。興奮しているのだろうか。

寝返りを打つと、左隣に寝ている身重の妻が「う、……ん」と声を漏らす。そして、その横には三歳になる娘の寝顔が見えた。

妻を起こさぬよう、布団から出る。夏を間近に控えた六月、月の光が部屋の中に差し込み、電気を点けなくても歩ける。２ＤＫの賃貸住宅、例え闇夜でも迷うことはない。

妻の実家が用意してくれた冷蔵庫から、缶ビールを取り出し、ベランダに出た。

高台に建つアパートから市街地を眺める。明かりがずっと先まで続いている。義理の父の言葉を思い出していた。

「三〇〇万円、用意してあげるから、新築住宅を買ってはどうかね。君も今年、三五歳になるだろう。子供一人ならまだしも、二人になるんだ。子育ての環境というものも考えなくてはいけないと思うが。いや、無理強いするつもりはないんだ。ただ、家というものは、買って損はない。家賃を払う程度の住宅ローンなら同じことじゃないか」

柔和そうな顔、ただ反論を許さない押しの強さがあった。

三〇〇万、半端な金額じゃない。今の自分が三〇〇万円貯めるには何年かかるだろうか。一年、二年では何とかできない金額。切り詰めて三年がせいぜい。

缶ビールのタップを起こし、一口飲む。

よく冷えた黄金色の液体が喉を通り過ぎてゆく。いつもなら、「旨い！」と思うのだが。どこを探してもそんな感想は出てこない。ただ、苦かった。

昼間、建築条件付の新築分譲地を何件か見た。普段なら気がつかないのだが、街中には「新築分譲地　↓」の捨て看板がいたるところにあった。妻に急かされ、クルマに乗り込んだのが、昼前。早速、捨て看板に従い、一つ目の分譲地に行った。

闊達そうな営業マンの誘導に従いクルマを駐車し、サイドブレーキを引く。ブルーのスーツに赤いネクタイをした営業マンは断りもなく後ろの扉を開け、口を開いた。

「可愛いお子さんですね。いくちゅ？」

「さんさぁ～い」

「おりこうさんだね。ご褒美に綿菓子あげる」

妻は笑顔を浮かべ、頭を下げていた。

口下手を自認している。だからか、こうした如才ない男に好感を持てない。無言のままクルマを降りると、営業マンは娘の手を握り、テントを張った臨時の事務所に向かっていた。思わず声を出した。

「お、おい」

「パパ、何してんの？」

「あ、ああ」

口ごもる自分が情けなくなる。ただ、すでに綿菓子で口の周りを淡いピンク色に染めた娘をみると、踵を返すことはできなかった。

「それではアンケート用紙にご記入頂けますか?」

席につくと、ボードにとめられたアンケート用紙と高級そうな万年筆を渡された。キャップを引き抜こうとしても引き抜けない。営業マンは笑顔を浮かべながらキャップを回して外した。

(く、くそっ、なんだってんだ)

妻のからかうような視線を感じながら、記入をする。営業マンはアンケートを見ながらお追従を口にした。

「製造管理の課長さんですか。大変なお仕事ですね。僕にはとてもとても……。やはり、新築住宅を購入される方というのは勝ち組なんですね」

こんなことで態度を一変させるわけにはいかない。黙ったままアンケートを記入し続けていると、営業マンは妻に話しかけた。

「奥様、お幸せですね。お台所はどんなふうになさりたいですか?」

「対面式のキッチンがいいな」

「それでしたら、自慢のAタイプの間取りはいかがでしょうか。これが、内部のパースです」

営業マンはテーブルの上のアイパッドを指でポンと弾いた。すると、戸建内部の動画が始まった。気になり、横目でちらちらと覗く。歩いているような人の視線の先にキッチンが現れる。

ＩＨのコンロにはシチューが湯気を立て、対面式キッチンのカウンターの上には綺麗に盛り付けられたサラダが置かれていた。

妻のため息が聞こえた。


鹿島コンビナートの赤い光が瞬いている。同僚は今も働いているのだろうか。職場に溶け込みたい自分がいる。残り少なくなった缶ビールを傾ける。新築住宅を購入した先はおいそれとビールを飲むことは出来なくなるだろう。それとも、第三のビールに変えるか。指先がもじもじとする。そう言えば、子供が生まれてすぐにタバコをやめた。健康のこともあったが、タバコを吸ったつもりで教育費の積み立てを始めた。

「勝ち組か……」

ふと言ってみる。あの営業マンの本音を聞いてみたい。本当に勝ち組と思って言ったのか、それともいい気分にさせたかったのか。実態はこんなものだ。朝から晩まで働き、時には工場に泊まる。声を聞き、様子を伺うのは複雑に入り組む配管と圧力ゲージだ。何もなくて当たり前、何かあれば責任を問われる。お小遣いは毎年減らされ、タバコをやめ、ビールも満足に飲めない。その結果が新築住宅なのだろうか。

営業マンは年収と貯蓄の欄を見ると、他の分譲住宅を薦めた。言外にこの物件はあなたには購入できないと言っているようだった。次の分譲住宅は既存住宅街の中に新設された三階建ての軽量鉄骨造住宅。妻は庭のないことに不満を持った。そして最後に案内されたのは郊外の物件。総戸数八二戸、まるでドラマの舞台のように広々としていた。値段も三〇〇〇万円を切り、今払っている家賃に二万円プラスするだけ。妻は乗り気となり、その場から義理の父に電話をした。

「父さん、いいのがあった。お庭も広くて、4LDKだし、駐車スペースも二台分確保されているの。それに公園と集会所がおしゃれで、スペイン風なのよ」

物件の三分の一はすでに住民が暮らし、三分の一は建築中だった。今は第三次分譲中だという。娘は分譲地の中心にすえられた公園のブランコに乗っていた。

（ほんとに大丈夫か？）空になった缶ビールを握りつぶしながら自分自身に呼びかける。ただ、いくら耳を澄ませても何も聞こえてこなかった。

解説

新築物件を購入すると、返済しているにもかかわらず不良債権となる

競売不動産をご存知でしょうか。土曜日や日曜日の新聞の広告欄に掲載されている裁判所で売り出されている不動産物件です。怖い、一般人が近づくものじゃない。通常の感覚としてそう思われているどこかよそよそしい不動産です。

ただ、競売にかけられている不動産は最初から競売物件ではありません。大半は新築分譲住

宅として建てられ販売されていました。住宅ローンを返済し、当たり前に暮らす家族が住んでいました。ところが、勤務先の倒産やリストラ、はたまた健康状態により住宅ローンが返済できず、抵当権を設定していた住居は差し押さえられ、競売にかけられているのです。

行過ぎたインフレは困ったものですが、デフレは悪性の病のようにしつこく、治ったと思ってもぶり返します。給料は上がるどころか、様々な名目で引き下げられ、将来の計画を立てることができません。

こうした時に忍び寄るのが新築住宅を建てないかとお金とともに誘う親世代の甘言です。親世代の多くの奥様は専業、にもかかわらず新築住宅を建て、子供を育て、数千万円の退職金を貰いつつ、年金も満額受け取ります。悠々自適と申しても言い過ぎではないでしょう。だからか、彼らは自信満々に人生訓を口します。

そして躊躇する子供世代に「三〇〇〇万円あげるから自宅を建てなさい」と薦めてきます。はっきり申し上げますが、お金に余裕がなければ新築住宅を建てるべきではありません。なぜなら、住宅ローンを支払いながら、自宅は不良債権となるからです。

「嘘っ、そんなことないでしょ」

本当です。日本で建てられている典型的な地方の新築戸建物件をモデルケースとしてご説明いたしましょう。

敷地は四〇坪、新築分譲住宅地の坪単価は二〇万円、土地値は八〇〇〇万円です。そして建物の延べ床面積は三〇坪、間取りは4LDK、駐車場スペースは二台です。建物と駐車場スペースそして庭の造成費の総額は二〇〇〇万円。物件価格は二八〇〇万円です。

頭金の三〇〇万円は諸経費と引越し費用、そして新たな家具の購入費用として消化し、本体価格の二八〇〇万円を変動金利二％で三五年のローンを組んで購入します。

結果、月々の住宅ローンは九万二七五三円、あてにならないボーナスで払いはしません。

一八年間、遅れることなく返済し続け、そして勤め先が倒産したとします。住宅ローンを支払うのが辛くなり、売却を打診した途端に心臓が止まるほど驚きます。

残債は一六〇二万九一八四円に対し、自宅の価値は更地価格の四〇〇万円（計算式：一〇万円×四〇坪）でしかありません。土地の坪単価が二〇万円から一〇万円に下がったのは、新築分譲地は新しいから高かったのであり、一八年を過ぎると、周辺の地価に収斂《しゅうれん》されるからです。

つまり、住宅ローンから逃れるには一二〇〇万円をどこからか調達しなければなりません。そんなことができるなら、住宅ローンを滞らせるはずがありません。そして、一八年住宅ローンを支払い続けた夢のマイホームは金融機関に差し押さえられ、競売不動産となるのです。

このように、新築住宅の多くは住宅ローンを支払いながら債務超過に陥ります。例え、競売にかけられない住宅も似たり寄ったり。住宅ローンを支払い続けているから、問題は表面化していないだけです。クルマであれば、三年後、五年後の下取り価格を提示してくれますが、新築住宅メーカーは下取り価格を提示しません。なぜなら、確実に不良債権となる商品であることが露見するからです。

ケーススタディ

07

【地方一棟マンションの陥穽《かんせい》】

売買仲介業者の事業計画を信用してはならない

寄せて上げ、胸元を大きく開いたドレスはいつ見てもいいものだ。すぐそばには広く開いたスリットから覗くカモシカのような足。すっと触ると、「いやぁ～ん、エッチ」と嬉しそうな声を出す。

政治家はバカに限る。清廉潔白、論理明快、有限実行を絵に描いたような政治家ばかりだと、商売はやりにくくて困る。あれも駄目、これも駄目、「以前にお約束したことは嘘……、とは申しませんが、実現困難でした。今度は絶対に安心なプランを閣議決定いたしましたので、与野党を超えた議論をいたしましょう」なんてことを恥ずかしげもなく口にしている。

あれじゃ、商売敵にもならないし、部下にもできない。ただ、バカぞろいの政治家のお陰でこちとらいけいけどんどん、もう上り調子だ。思わず笑みが漏れる。

「ねぇ……、シャンパン頼んでいい？」

柔らかな胸の感触とともに、甘えた声が聞こえる。鷹揚に頷いてみせると、名前がなんだったか忘れた女は「社長ありがと」なんて言いながら、頬に口を寄せる。素早く顔の向きを変え、赤く色づいた唇を吸うと「あぁあん、だめだよ」なんてことを言いながら、舌を差し込んでくる。女は軽く胸を押して離れると、「ピンクだからね」とちゃっかりシャンパンの値段を上げ、席を立った。

どうでもいい、金は不安に駆られたリーマンから毟り取ればいい。懐からシガーケースを取り出し、細い葉巻を口にする。正面の丸椅子に座った女がカルチェのライターの火を灯し、口を開いた。

「羨ましい、儲かって仕方がないんでしょ」

「まっ、そんなとこかな」

「世間じゃ、年金とか消費税増税になんだかかんだか大変なのにさ」

細く長い火に葉巻の先を入れ、二度三度吸う。甘い香りとともにいつもの味が口の中に拡がる。女は上目遣いに言った。

「怒った、の？」

「いいや。何だっけ」

「社長が儲かってるって話だよ。ね、なんでぇ？」

「お前さんが言ってたろ。年金と増税で将来が不安、それが飯の種だな。国会ねじれてるだろ。どうしたって、何も決まらない。どんどん、世の中は悪くなる。すると、俺の商売はどんどん儲かると、こういうことだな……」

「言ってる意味わかんない」

「まっ、いいじゃないか。お前は税務署の潜入捜査官か？　ははは、違うだろ。俺は金使う人、お前さんは使わせる人」

黒服が銀のバケットに入ったドンペリのピンクを恭しく差し出す。その後ろに化粧を直した女が満面の笑みで口を開いた。

「ドンペリピンク入りまぁ〜す」

店内が一瞬ざわめき、視線は女の捧げたでっぷりとした酒瓶に注がれる。これで競争心を煽り、店の売り上げは上がる。どの商売も一緒、不安と競争心をどのように煽るのか、それが決め手となる。

俺は政令指定都市の賃貸マンションを仲介販売している。賃貸マンションといっても一室じゃない。二〇戸や三〇戸全体、土地も含めて一棟丸々だ。それを五〇〇〇万から二億の間で仲介する。金融機関ともつるんでいるので、フルローンが組める。この頃は購入金額の一〇％を自己資金にと条件をつけるところもあるが、俺はそんなバカなことはしない。親元に行き、資金調達の手伝いをすることもあるし、ノンバンクから短期融資を引き出すこともある。この頃は旧国民金融公庫、現在の日本政策金融公庫はハードルが下がり、開業資金名目で金を引っ張ることも可能となった。

いずれにしても、自己資金無しで不動産賃貸業を始めたい欲の皮のつっぱらかった輩にとって、俺はいい人だ。薦めるままに判子を押し、薦めるままに不動産管理契約を締結してくれる。お陰で、これから不動産の仲介をしなくても管理費だけで一ヶ月に一〇〇〇万を超える金額が懐に入る。お金の水路を作るだけで構わない。お金の欲しい人間は俺の作った水路に列を成すというわけだ。

化粧を直した女は俺の横に来ると身体を密着させ、「ありがと」と声を出した。

「やっぱ、今日は大儲けしたからな、厄払いだ。厄払い」

「まっ、頭のいい人は違うわ。ね、今日はいくら儲けたの?」

「ははは、五〇〇、いや、七〇〇弱か」

丸椅子に座った女は身を乗り出し、再び聞いてきた。

「何の商売なさっているの? ほんと、聞きたい。私もお金持ちになりたい」

「智ちゃん、失礼でしょ」

「なるほどな。いくつだ? 二三か……。俺が二三の頃は金の取立てをやっていたか。ぎらぎらして、ちょうどお前のようだった。よっし、さわりだけ話して聞かせようか」

いいことは大きく、都合の悪いところは小さく、もしくは話を変えて蕩々と喋る。五分なら五分のネタ、一時間なら一時間、そして半日あれば、目の前の人間を感服させる自信がある。なんなら、小金をもっていそうな丸椅子の女の口座から全額を引き出すことも可能だろう。

人間観察を極めれば簡単なことだ。何に興味を持ち、何に恐怖を感じるか、人のキャラクターを掴むにはこの二つ。そしてその人間の所属している組織を聞き出せばおおよそ理解できる。あとは、反応を見極めて微調整。これで人間の性格は丸裸になる。

金融機関の担当者も同様だ。彼らは巨万のお金を扱っているものの、己で自由になるのはほんの僅かと、常に欲求不満だ。そして上司や昇進についても理想とかけ離れ悶々としている。ストレスのはけ口を作ってやればそれで思うが侭。脇の甘い人間はどこの組織にも存在する。

仲介に出すのは利回り一〇％前後の賃貸マンションだ。それを元利金等二五年から三〇年のアパートローンを組んでやる。自己資金ゼロ。契約をするだけでお金が入ってくる。一見よさそうに見えるが、維持費を考慮すれば実態は赤字。二年もしないうちに泣きが入る。

俺の社員は朝から晩まで働き、管理物件を運営しているので、当然のように売却も任せてくれる。俺はセミナーを新たに開き、次のお客に同じ物件を売却する。一億の物件を仲介すれば、仲介手数料は売りと買いの両方入るので売却金額の六％に一二万円を加えた金額に消費税を掛け合わせたもの。金融機関から借り入れしないで六四二万六〇〇〇円の見入りだ。馬鹿らしくて買い取り販売なんてやる気にならない。

丸椅子に座る女の目が潤んでいる。テーブルの下から女の太ももに触ると、脇に痛みを感じる。横にはドンペリピンクの女が怖い顔、俺は苦笑いを浮かべ頭を掻いた。

解説

表面利回り15％以下の地方賃貸マンションをフルローンで購入しては回っていかない

鉄筋コンクリート造（ＲＣ造）の賃貸マンションは見栄えもよく、存在感があります。例えば一億円出せばこのマンションを購入できますと言われると、グラッと来てもおかしくはありません。何せ2DKが二〇戸五階建てですから築年数も一五年と浅くエレベーターも完備されています。夢のマンションオーナーになるのは判子を押すだけです。返済も年間一〇〇〇万円の家賃が入ってきますので問題ないように思えます。金利は五％の二五年返済です。

さて、一年後いったいどうなることでしょうか。十中八九、赤字に耐え切れず売却を考えていらっしゃることでしょう。

なぜ、そんなことになるのか。問題点を整理してみましょう。

物件価格は一億円、現在満室で年間一〇〇〇万円の家賃が入ってきています。

借り入れは諸経費の一〇〇〇万円を含めて一・一億円を全額借り入れ、金利は五％で二五年返済です。

①月額返済金額は六四万三〇四九円、年間七七一万六五八八円かかります。

②固定資産税は一〇〇万円程度かかります（RC造は積算価格が高く法定耐用年数が四七年と長いため、融資金額も高額で長期返済できるのですが、固定資産税や都市計画税も高額です）。

③エレベーターの定期点検費用は月額四万円、電気光熱費（共用部）は月額三万円程度かかり、年間八四万円支払わなければなりません。

①、②、③の合計は九五五万六五八八円です。満室家賃との差額は四四万三四一二円でしかありません。満室の状態で補修費用がかからない状態が二五年間続かなければこのスキームは

維持できません。

はっきり言って絵に描いた餅です。

悪いことは重なるもので、こうしたときに退去する店子がぼろぼろと出てくるのです。見かけに騙されてはなりません。本当の数値を元に真実の姿を見なければ大怪我をしてしまうのです。

こうした賃貸マンション一棟物の真贋を見極める一つの方法として、登記簿謄本を取り寄せることをお奨めいたします。

ご存知のように、登記簿謄本には所有権の甲区と抵当権などが記載された乙区があります。

注意するのは甲区です。この所有権者の欄が二年や三年に一度変更されているとしたら、大問題です。その物件はよさそうに見えて、不動産仲介業者の「回し物件」です。

つまり、その物件を管理している不動産仲介業者は何度も何度も仲介を重ね、仲介手数料で稼いでいるのです。一度の取引で｛(六％＋一二万円)×一・〇五｝ですから、三度繰り返せば、約二〇〇〇万円のぼろ儲けです。

更に月額満室家賃の八％～六％の管理費を徴収し続けているのです。所有者変われど、お金の流れは変わりません。移り変わる所有者にとって、その物件は悪夢でしょうが、不動産仲介業者にとってその物件は目に入れても痛くないほど優秀な物件です。

関係のない不動産業者の懐を豊かにする必要はありません。あなたが豊かにならない不動産を所有してはならないのです。

ケーススタディ

08

【価格交渉】買い叩くことに良心の呵責を覚えてはならない

平日の午前一〇時、傍らでむずかる生後半年の娘の様子で目を覚ます。

ぴちぴちに張った胸は痛いほど。授乳服の右横のボタンを外し、幼子を抱き寄せた。

「おぉ、よしよし。おっぱいですよ～」

楓の葉のように小さな手の平が虚空を掴み、その口はもごもごと動いている。そっと乳首に近づけると、爪楊枝《つまようじ》のように細い指は胸を触り、口は大きく拡がった。この子に必要とされている。そのことだけで何か、じんわりとした安心感が広がってゆく。

結婚して三年になる。十歳違いの夫と出会ったのは休日の会社。誰も出社していないフロアで言葉を交わし、食事の約束をし、そして付き合うようになった。同年代の男性と違い包容力に溢れ、話す内容に驚きを覚えた。

彼は会社に寄りかかるような人間ではなかった。

「いつまでもあると思うな会社と年金だ。これからは個人の判断が求められている」

「へぇ～、そうなんだ。それでどうするの？」

「大家さんをやってみようと思う。いやね、新築マンションを購入しようと貯めていたんだけど、これから先どうなるかわかんないでしょ。協力してもらえないか」

「え、私が？　むりむり、貯金は全然ないし、不動産のことなんてわかんないよ」

それが、プロポーズの言葉だと知ったのはずっと先のこと。結納を済ませ「ねぇ、プロポーズの言葉聞いてないんだけど」とふくれっ面をすると、「大家さんの協力をお願いしたろ。昔だったら、味噌汁を一生作ってくれないかと同じ。あれが、プロポーズだよ」と威張っていた。

隣のリビングから電話の着信音。私は娘に授乳させながら枕元のインカムを装着し、スイッチを入れ、口を開いた。

「護国寺です」

旧姓は佐藤、日本で一番多い苗字だ。学生時代、クラスに同じ苗字がいると、下の名前で呼ばれた。彼と結婚を決めたのも護国寺という、どこか由緒正しそうな苗字に惹かれたのかもしれない。

「北陸不動産ですけど。奥さん、あれって冗談でしょ」

「冗談とは？」

努めて冷静に話す。北陸不動産が話題にしているのは、昨夜彼と相談して決めた買い付け申込書の金額であることは分かっている。売却希望金額の四五％で入れた。

「二〇〇〇万の売値で九〇〇万って、あり得ないでしょ。一九〇〇万の間違いですよね」

「いいえ、間違いなく九〇〇万です」

心臓がどきどきする。「バカ野郎！　ふざけるな」。過去に何度も怒鳴られた。左手でボリュームを下げ、黙ったまま耳を澄ます。

こうした値段交渉にしゃしゃり出るようになったのは、彼に頼まれたからだ。人と交渉するのは大の苦手だと思っていた。ただ、彼はその私よりもずっとずっといい人。不動産業者の心配までしてしまう人だった。売主の売却事情を聞いて涙ぐみ、お金のない自分を責めた。私は悪いと思いながらも言ってしまった。

「喜彦さん、なんでうちらが売主の心配なんてしなくちゃならないの？」

「だって、会社が危ないんだよ。満額で売れないと倒産して従業員も路頭に迷うんだよ」

「本当かな？　どうしてそれが本当だと思うの」

「だって、不動産屋さんがそう言っていたもの。嘘を言う必要はないじゃないか」

「あるよ。喜彦さんが信じれば満額で買うかもしれないじゃない。実家のお父様かお母様に話そうと思ってない？」

「いや、そんな……」

彼の顔には言い当てられた気まずさが見て取れた。会社では有能で通っている。お客の懐に飛び込み、心を掴むのは得意中の得意、営業のエースと自他共に認められている。事実、この不況下でも次々に新規顧客を獲得しているのだ。ただ、長い付き合いになるとお客よりの発言を繰り返す彼の渾名は「仏様」。このままでは課長以上の職責は望めない。

私は彼の傷口に塩を塗りこむように言葉を続けた。

「ね、売主と私とどっちが大事？」

「決まっているだろ、君だよ」

「安心した。もしかして、売主って言うんじゃないかってどきどきした。私よりも売主が困っているから、今、売主を助けられるのは自分しかいないって。少し、思ったでしょ」

「いや……、そんなことは」

「いいの。私は喜彦さんのそんな優しさも含めて結婚したんだから。でもね、このままだと、いけないと思うの。喜彦さん言っていたでしょ。『大家さんに協力してくれないか』って。私やるわ。数字のことはよく分からないから、任せる。どんな物件を選べばいいのか、どのくらい負けさせればいいのか、それは教えて頂戴。でも、その先の交渉は私に任せて」

「え、本当に?」

「そう、本気よ。今日ね、産婦人科に行ったら、赤ちゃんができたって。これで喜彦さんはパパ、私はママ。〝母は強し〟って昔から言うでしょ」

私がからからと笑うと、ほっと胸を撫で下ろした彼は「頼むよ、ママ」と言ってくれた。

あれから、二件の賃貸不動産を購入した。一つは私の郷里、茨城の戸建。そして二つ目は埼玉のアパートだ。交渉は難航したが、彼が貯めた現金の威力は凄かった。「それで納得してくれるなら、休み明けに〝現金〟で購入しますが」と言い放った一言で決まった。

今では総戸数九戸の大家さん。あと一戸で事業規模の大家さんとなる。

インカムの向こうから細い声が漏れる。私はボリュームを引き上げて尋ねた。

「なんておっしゃいました?」

「一千三〇〇万円が最低ラインです。それ以上は……、満室の年間家賃は二一〇万円ですから、利回りは一六%を超えます。それでどうでしょうか」

「現状、入居率は八〇%ですよね。うちは将来的には七〇%の入居率だと見込んでいます。期待家賃は一四七万円、年利一五%が最低ラインですから、買い取り金額は九八〇万円。諸経費分の八〇万円を差し引くと九〇〇万円です」

電話の向こうから「参ったな……」という声。これで、妥結ラインの一一〇〇万円は見えてきた。

解説

不動産を所有するには「買う前」「買う時」「買った後」のうち、どこかで苦労しなければならない

投資で失敗するのは簡単です。高く買って安く手放せばいい。

「ははは、そんな奴はいない」

果たしてそうでしょうか。多くの投資家予備軍は投資で失敗する道のりを綺麗になぞり、「やっぱ、地道が一番だ」と負け惜しみを口にし、市場から去っていきます。

当然のことながら、投資で成功するのは安く買って高く売ること。もしくは安く買って高利

回りで運用することです。

「それが難しいんだ」

本音が出ましたね。そう、その本音を無視してはなりません。特に不動産は株と違い、買うだけで購入価格の一〇％前後の諸経費がかかります。つまり、市場価格一〇〇％で購入しても一〇％の含み損を抱え、売却するには三％の仲介手数料を支払う必要があります。中古不動産を市場価格で購入すると、少なくとも一三％損をしてしまうのです。

更に新築住宅の場合は、たとえ購入した翌日に売却したとしても、登記簿謄本に所有者が記載されていますから、未入居であっても本体価格の一〇％値引きしなければ売却できません。株と同様に不動産の売買を考えているとしたら、それは大きな間違いです。

不動産を所有するには「買う前」「買う時」そして「買った後」、この三つのうちどこかで苦労しなければなりません。相続で何の苦労もなく所有権を手にするのは、相続人であるお父様やお爺様が苦労されたからであり、「買う前」の苦労をお身内がなされているのです。

さて、「買う前」と「買った後」の苦労は数十年単位の苦労を伴います。「買う前」であれば、数十年かけて現金を貯める事、「買った後」の苦労は数十年続く住宅ローンやアパートローンの返済です。どちらも、「どこまで続く泥濘《ぬかるみ》ぞ……」と愚痴をこぼしたくなるほど、先を見通せません。

そこで、お奨めするのは「買う時」の苦労、買い叩いてください。市場に流されている物件であっても買い叩きは可能です。見栄えの良くない中古不動産は容易に買い手は現れません。物件にお金を掛けることのできない売主の所有する賃貸用不動産の入居率は低いもの。そこを突き、値段交渉の根拠としてください。

「酷《ひど》くない？　足元を見て交渉しろってことでしょ」

それこそ、「買う時」の苦労です。一瞬、「良い人」と思われるために数十年苦労をする気なら止めはしません。どうぞ、喘ぎもだえ苦しんでください。ただ、その苦しみにご家族も巻き込まれることを忘れてはなりません。

売主は所有意思をなくしているのです。不動産に罪はないのです。不動産を安く購入できれば、不動産を補修する資金を確保できます。外装を塗り直し、設備を更新することも可能になるでしょう。

そのどこがいけないことでしょうか。買い叩くことに良心の呵責を覚えないでください。それよりも、不幸な生い立ちの賃貸用不動産を救う正義の味方を思い描いてください。所有者が変わり、手入れをしてあげれば、不動産は再び輝きだします。

すべてをご自分でやる必要はありません。本編のストーリーのように、交渉を奥様に任せてしまうことも選択肢の一つです。女性は本来交渉上手、値切ることに喜びを覚えるもの、ご夫婦でタッグを組めば夫婦仲も良くなることでしょう。

ケーススタディ
09
【競売不動産の物件調査】
購入対象から競売不動産を外してはならない

腰の辺りまでずり落ちた毛布を胸まで引き上げ、寝返りを打つ。福井から東京に向かう深夜バスの車内は静まり返っていた。

福井駅前を午後八時二〇分に出発し、新宿に着くのは午前六時である。寝る時間を移動時間に当てれば「時間」と「お金」を節約できる。出発前、腹巻に入れておいた二五〇万円のお金はもうない。昨日の朝一番に福井地裁に特別売却の証拠保全金として納付した。これで、一〇戸のアパートを一二〇〇万円で取得、年間二〇〇万円から三〇〇万円の家賃が定期的に入る。

「あと、二時間か……」私は満足の行く物件を思い浮かべながら眠った。

最初から、競売物件を上手に購入できたわけではない。いや、最初の物件は悲惨の一言だった。あれは、今から一九年前。まだ、引渡し命令など買付人の権利強化が図られる前だったので打つ手はなかった。

私は当時、中堅商社の市場開発部で新規商材の発掘を手がけていた。社員寮でくつろいでいた私はリクルート発刊の住宅情報誌を手に取り、巻末の青い紙に印刷された競売不動産の項目に注目した。市場価格と比較して半値以下の値段が付いていたからだ。

私は鼻息荒く「競売不動産の再販売プロジェクト」を記述し稟議をあげたが、上からの評判はよろしくなかった。売買シミュレーションでは利益が見込めるものの「実績がない」というどうしようもない事実が行く手を塞いだ。

私は「それなら、私が実績を作ります」と口にした。

部長は弱ったネズミをいたぶる猫のように「会社は一円も出せませんよ。あなたに出来ますかね？」と嘲った。支出を一〇分の一に押さえ、ボーナスは全額貯金し、金色に輝く愛車「ペルソナ」は叩き売った。

ある程度の種銭を元に株投資を行い、資金を四ヶ月で三倍に膨らませた一年後、競売不動産に入札を開始した。

確実に再販売できる物件である必要があった。入札価格は低く抑え利益を上げなければならなかった。それが原因だろう。入札は五回連続で失敗した。

部長は私の顔を見るたび「どうだ？　ううん？」と尋ねてきた。

焦りは失敗を呼び込む。文字通り、当時の私に当てはまる。期間入札に興味を失った私は早い者勝ちの特別売却物件に狙いを変えた。本来であれば、物件調査を確実にしてから入札の是非を決めなければならないのに、現地を見に行くこともなく足立区花畑のマンションの一室を落札した。

もし、次の日に出張が入っていなければ、もし、特別売却の売却期間が翌日でなければ現地に行ったことだろう。ただ、現実には、物件を見ないまま落札したのだ。

残金納付を速攻で済ませた私は、土曜日の昼下がり現地に赴いた。物件は東武東上線「竹ノ塚駅」から二・五キロの距離。私は地図を見ながら、三〇分かけて歩いた。想像と違い、そこかしこに畑が拡がるのどかな場所だった。

「あそこか……」

対象マンションはエレベーターのない鉄骨造五階建て。落札した物件は二階の二〇二号室、専有面積二八平米のワンルームマンションだった。階段を登りながら、対象物件の扉を見て眉をしかめた。なぜなら、扉の中央に見慣れないシールがあったからだ。シールはガム一枚ほどの大きさ。その中央には赤い丸、そして周囲に向けて赤い筋が放射状に拡がっていた。どう見ても日章旗だった。

生唾を飲み込み、覗き窓の上のタグを確認した。そこには「二〇二」のタグがあった。扉の横のインターフォンを押した。

「すいません。この度大家になりました藤山と申します。少しよろしいでしょうか」

すると、しばらくして低い男の声が聞こえた。

「関係ないね」

言葉が出なかった。いったい自分は何をしているのか頭の中が真っ白になった。再び、競売の物件明細書で確認した。添付された建物敷設図には建物と売却対象となったマンションの一室の位置関係を詳細に記載している。どこからどう見ても目の前にある物件が落札した物件に違いない。廊下の左右にある物件も左は「二〇一」右は「二〇三」だった。

再びインターフォンを押した。

「すみません。あの、特別売却で買受し残金納付もした藤山と申します」

「関係ないって、言ってんだろうがぁああ」

声とともに室内から物凄い足音が聞こえた。足はすぐに反応し、身体は向きを変え、気がつくと走り出していた。後ろを振り返ることなく、一生のうちで一番早いスピードで逃げた。

その夜、眠れなかった。このまま、何の手も打たず放置するわけにはいかなかった。とは言え、不貞の輩と交渉を続けるにはリスクがあった。

こちらは勤め先のあるサラリーマンだ。しかして、向こうは？　物件明細書に記載されていない人物なのだろうか。物件明細書に掲載された扉の写真には日章旗のシールは貼られていなかった。

悶々した日々を送る中、私は対象物件近くの交番に赴きお巡りさんに話しかけた。

「あの、花畑の△×〇マンション二〇二号室を競売で落札したんですが」

「右翼の事務所を買ったの？」

「はい。それで、今から交渉に向かうのですが、もし二時間後ここに戻ってこなかったら、訪ねてもらえないでしょうか」

必死だった。ここで諦めるわけにはいかなかった。押し問答の末、お巡りさんは首を縦に振ってくれた。頼りになるのか頼りにならないのか分からない命綱に身を任せるしかなかった。

そこから、四ヶ月。右翼団体は引越料三〇万円とそれまでの家賃の棒引きを条件に物件から退去してくれた。粘り続ける私を哀れと思ってくれたのだ。

バスのざわめきに目を覚まし、新宿駅に降り立つ。「寒かったね、これからどうする？　マックでも行こうか」交わされる言葉を耳にしながら、新宿の路上に降り立つ。そこかしこにダンボールを抱えたホームレスが歩いている。通勤時刻を控え移動しているのだろう。

他人事とは思えなかった。

勤務していた会社は平成一〇年八月二一日に自己破産申請を東京地裁に申し立てて消滅した。私は大家さんになっていたので、会社の倒産に慌てふためくことなく生活できた。同僚や先輩の中には消息不明の人間も随分いる。

最初の物件で手ひどい失敗をした私はその後の物件調査に手を抜かない。ネットで可能な限り情報を集め、現地の不動産会社から情報を引き出す。そして、これはと思う物件のみ現地に赴き、物件明細書との相違点を探す。

そして、納得できない箇所を発見すると、どんなに時間と労力をかけていようと、撤退に躊躇することはない。

解説

どんぶり勘定で成功しない不動産投資は自己破産の入り口

「利は元にあり」、不動産投資の成否はいかに安く購入するかにかかっています。それを踏まえれば、裁判所で入札される競売不動産を外すわけには参りません。私が競売不動産に着手した一九年前、取り巻く環境は未整備でした。競売の落札者よりも居住者の権利が強く、買受人は理不尽な要求を突きつけられていました。

また、競売不動産の情報を記した物件明細書はそれぞれの裁判所に行くか、出入りの業者から有料で購入するしか手段がありませんでした。今では競売専門の民間サイトが充実していますし、不動産業者もホームページを持っているので、かなりの情報はウエブから入手可能です。

これからご紹介する競売不動産の専門サイト、９８１．ｊｐ（httP://981.jp）は一般社団法人不動産流通協会（ＦＫＲ）が主催しています。

同サイトの特徴は以下の三つです。

①年間一〇万件発生する競売不動産を五つの☆印で格付けしています。

②不動産を七つに大別し、七つの地域から一括検索できます。

③各地域に競売不動産に通暁した不動産業者を配置しており、入札相談から売却までサポー

トする体制を確立しています。

競売不動産を期間入札や特別売却で売却して抵当権者に配当しているご本尊は最高裁裁判所、ウエブ上ではＢＩＴというサイトで公開しています。皆さんも新聞で競売情報という名前の一覧表をどこかで見たことがあるのではないでしょうか。

ＢＩＴで閲覧できるようにした理由は入札参加者を広く募り、不売をなくすためです。しかしながら、管轄の裁判所毎に競売物件を取りまとめているため、投資家から見ると使い勝手は良いとは言えません。９８１．ｊｐは求める競売物件を短時間に見つけるサイトです。

一つ目の機能は競売不動産の格付けです。人口密度、人口増減、法定耐用年数の消化率、そして相場家賃から算出した推定利回りを組み合わせて五つの☆印で競売物件を格付け、外観写真とともに一目で理解できる機能を備えています。

二つ目の機能は競売不動産を、①マンション、②戸建、③共同住宅、④事務所、⑤店舗、⑥土地、⑦その他と七つに大別し、物件選択の手間を省いています。

ＢＩＴでは①マンション、②戸建、③土地の三つしか項目がないため、アパートを探すにも手間がかかりました。

また、ＢＩＴでは管轄裁判所毎に物件を調査しなければならないため、広範囲の地域から希望する競売物件を見つけるには裁判所毎の競売物件をチェックしなければなりません。

そこで、日本を北から①北海道・東北エリア、②甲信・北陸エリア、③関東エリア、④東海エリア、⑤近畿エリア、⑥中国・四国エリア、⑦九州・沖縄エリアの七つに大別し、入札希望物件に到達するための時間短縮に役立っています。

三つ目の機能は各地域で競売に携わってこられた不動産業者と出会える機能です。競売不動産はご存知のように占有解除が大きなハードルですが、それだけではありません。物件明細書が作成された時期は開札の約半年前であり、入居者がいると記載されていても退去している可能性もあります。

また、無人となった戸建の場合、窓ガラスが割られ、雨風が吹き込み想像以上に劣化しているかもしれません。現地確認が必ず必要です。ところが、本業のあるサラリーマン投資家にとって遠方の物件に入札するには時間と費用が圧し掛かります。

だからこそ、現地に根付いた信頼のできる不動産業者がいれば費用圧縮に役立ちます。メールでやり取りをして馬の合う業者を見つけていただければと存じます。

ケーススタディ

10

【競売不動産の正常化】

安易に強制執行してはいけない

約束の一〇分前、一ヶ月前に落札した八街駅から三キロ離れた場所に建つ４ＬＤＫの戸建の周りをクルマでぐるりと走る。私は競売不動産のサポート依頼を受けている。入札者は東京都内のサラリーマン夫妻。今日は、物件に居住する債務者兼旧所有者の元妻と物件の明け渡しについて協議する。

建物の外観からは特に補修箇所は見受けられない。庭には洗濯物が干してある。ただ、その中に派手なカラーワイシャツがあった。時間はもうすぐ五分前。私は玄関先にクルマを止め、事務所に連絡をいれた。

「これから、入ります。何かある？　ああ、抗告予告書でしょ。無視していいから。戻ったら説明する。他には？　ごねてる奴ね。それは午後に管轄の警察署と打ち合わせする。いいかな？　はい、じゃ頼みます」

銀色のアタッシュケースを開き、中を確認する。物件明細書に退去合意書一式は揃っている。そして、スーツの内ポケットに引っ掛けたボイスレコーダーのスイッチを入れた。ボイスレコーダーは赤い光を放ち始める。

こうした場面、相棒のいない時にボイスレコーダーは欠かせない。

相手が女性の場合には特にだ。

切羽詰った人間は何をやらかすか分からない。時には自分の衣服を引きちぎり、喚き、助けを求め七転八倒を繰り返す。さらに洋服ダンスに自ら突っ込み、傷を負うこともある。しばらくすると、打ち合わせをした善意の第三者が玄関を開け、警察に通報する。哀れ、占有解除に赴いた不動産屋は御用となるのだ。

インターフォンを押して名前を告げると、大型の扉が音もなく開いた。俺は名刺を、三〇代後半の女性に差し出す。女性は名刺を受け取り、短く言った。

「どうぞ……」

「お邪魔しますよ」

女性のあとを歩きリビングに。私は足を止めた。炬燵の向こうに白いスーツを着た厳つい男が座っていた。

「あの方は?」

「友達です」

男が大声で言った。

「お前は誰だ?」

「八街不動産の八木です。あなたは?」

「ゆ、友人だよ、友人。友達が困っているから話を一緒に聞こうと、こういうことだ」

「弁護士の方ですか?」

「俺が弁護士に見えるかよ。そんなことはどうでもいい。お前は何をしに来たんだ」

私は女性に声をかけた。

「話が違いますね。このままですと、話し合いになりません。八街警察署の生活防犯課に相談することになりますが、どうします? 強制執行妨害罪という罪をご存知ですか。懲役二年以下の重罪ですよ」

「え、そんな。私はそんなつもりでは……」

「彼が協議に参加するなら、私はこれで失礼します」

男は立ち上がり、どすどすとこちらに向かって来る。そして私の肩を掴んで振り向かせ、顔を思いっきり近づけ喚いた。

「おい、無視するんじゃねぇ。お前は何をしに来たんだと聞いているんだ?」

「威圧ですか? 脅迫行為とも受け取れます。こんなことでは話し合いになりません。私はこれから八街警察署に向かいます」

「え!?」

女性は男の腕にすがりつき、涙声で言った。

「達っちゃん、いいから。もう帰って。お願いだから……」

私は距離を取り、二人の成り行きを見守る。こんな場面で無理は禁物だ。退去協議が合意に至らなければ、引渡し命令を申立て、強制執行まで法律通りに行えばいい。合意を無理やり結ぶ必要はない。度重なる民事執行法の改正により、買受人の権利は無敵といって良いほど強化されている。

「いいのか?」

「いいんだってば。お願い、これ少ないけど」

女性はしわくちゃの一万円札を一枚、男に握らせ、立ち去らせた。沈黙の時間が流れる。私は彼女の言葉をじっと待つ。女性はおもむろに顔を上げ、口を開いた。

「話を聞いていただけます?」

「ええ、居住するあなたの話を聞きに来たんです。それより、あの男性は同居しているんですか?」

「ううん。ほんとに友達。子供がいるから、一緒に暮らせないし。ここって、離婚する時にタダで住んでもいいってことになっているんです。離婚調停の和解調停書にも記載されています。それでも出ないといけないんですか?」

「ええ。旦那さんとあなた二人の合意事項は競売不動産の買受人に引き継がれません。つまり、あなたが住み続けることはできません」

「そう、そうなんだ……。居続けるとどうなるの?」

ふと、彼女と建物賃貸借契約を締結することを考えた。だが、彼女にはああした男性を引き込む脇の甘さがある。そして、どうも自分は被害者で悪いのは第三者と思うところがある。このまま彼女を店子にすると、揉める種を蒔くことになると考え、封印した。

「強制執行で追い出されます。家の家具や衣服、布団や家電製品にも値段が付けられて、買受人の所有物になります。一式まとめて二万円、高くても四万円そこそこにしかなりません。着のみ着のままで追い出されます。抵抗すると現行犯逮捕ですね」

「逮捕、か。それで、私にどうしろと……」

女性は顔を上げ、じっと私を見つめる。先ほどまでの弱々しい顔ではない。意思の強い目だった。私は退去合意書一式を取り出し、一つ一つ説明をした。彼女は引越し費用一〇万円に異論を唱えた。一万円、二万円の攻防が続いた後、契約時二万円、残金は引越し終了時に一三万円の合計一五万円で手を打った。

退去合意した彼女は二万円を手にしながら言った。

「いい商売ね。ね、働き口ってない？」

吹っ切れた彼女の顔は笑っていた。私はクルマに乗り込むと、後ろを振り返らずアクセルを踏んだ。

競売物件の正常化は一昔前から比べ格段に容易《たやす》くなった。だが、現場は生の人間と人間である。言葉一つ、態度一つで状況はいかようにも変化する。私は気を引き締め、次の現場に向かった。

解説

占有解除の最後まで気を緩めるな。無理をすると大どんでん返しを受ける

競売不動産はご存知のように入居者が暮らしている状態で売却されます。あとは法律に従い、引渡し命令を申立てるか、居住者と協議し任意の退去合意を取り付けるかになります。

一昔前、よく問題になったのは〝元妻〟です。破産した旦那さんは奥さんだけでも通常の暮らしをさせようと、様々な手段を講じていました。その一つが家賃相場の半額以下、場合によっては一割ほどの金額で貸しているという書類を作ることでした。民事執行法が改正される以前は賃借人の権利が異常なほど保護されていましたので、追い出すには三年の月日を待つか、高額の退去費用を支払わなければなりませんでした。

「ふ〜ん、今は元妻の問題はないんだ」

いいえ、元妻の出現率は変わりありません。ただ、状況は一変しました。相場家賃の半額以下の賃貸借契約は非正常とされ、認められません。また、有償の契約であっても実際に現金のやりとりが確認できなければ、賃貸借契約はないものとして、引渡し命令の対象になります。また、相場の家賃とかけ離れていない契約であっても半年の保護期間を経過すれば、強制退去させることが可能です。

問題は居住者がどんな人物か。それを探る手がかりは物件明細書の関係者陳述書と写真です。

仮に、物件を調査する執行官と居住者の間に会話がなければ、協議退去の可能性はありません。

なぜなら、執行官は何度も居住者に接触を図っているにもかかわらず、話せていないからです。新所有者に対しては尚更、面会を拒否するはず。努力するだけ無駄です。居住者と接触を図ることなく、引渡し命令を申立て、強制執行まで突き進んでください。

「面倒でしょ。そんな手続き、俺一人で大丈夫かな」

執行裁判所の職員に相談してください。引渡し命令の申立て書は虫食いのように、必要な箇所を記入すれば完成します。弁護士などは必要ありません。また、それ以後の手続きも懇切丁寧に説明してくれます。とは言え、法律通りに強制執行をすると、費用と時間がかかります。費用は一軒家で申立て費用とごみ処分費用で一式三〇万から四〇万円くらい。ファミリータイプのマンションの場合も同様と考えてください。

「結構かかるね……」

そう、だからこそ協議退去の可能性は探るべきです。引越し費用として一〇万から一五万を提示し居住者が納得するなら、合意書を作成し時間と費用を節約してください。

もし、居住者が分からず屋で、威圧する人物なら、協議そのものをやめてください。物件の所在地を管轄する警察署の生活防犯課、もしくは生活保護課に相談をすると良いでしょう。非正常な主張を繰り返す居住者は強制執行妨害罪の対象となる可能性があります。仮に逮捕、起訴されないとしても大人しくなるので覚えておいてください。

それから、ここ最近『抗告詐欺』が流行っています。不貞の輩ですので、無視してください。

彼らは売却許可決定に記載された住所氏名宛に、「私は、貴殿の落札した物件を管理している者である。内部の動産は私の管理下にある。何かあれば、損害賠償を申立てる。なお、現在抗告を準備中である」など、法律用語を散りばめて威圧します。

彼らに根拠はありません。管轄の警察署に書面を持ち込み、相談すればそれで何も起こりません。また、こうした業務を面倒と感じるなら競売サポート業者に依頼するのも一つです。

3章

不動産投資【禁断の掟】
「運営」で逃れられない5つのこと

◆滞納家賃の督促をシステム化しないと、店子に殺される

ケーススタディ 11

【メインバンクを持つ】

融資担当者に大言壮語の態度を取ってはならない

差し戻された融資稟議書をじっと見る。予想通りのコメントが記載されていた。

「当行との実績なく、添付された事業計画は推測の域を出るものではない。本件稟議は妥当ではないと判断する」

コメントの一行先には「本職も同意見である」の文字が筆圧鋭く記載され、その横には支店長の印が捺印されていた。

（仕方ないな……）

私はアドレス帳をめくり、融資申込者の緊急連絡先に電話をした。呼び出し音に続き、留守番電話に変わる。

「豊中様のお留守番電話で間違いないでしょうか。いなほ銀行甲府支店の佐藤です。ご連絡をお待ちしています」

たとえ融資担当者の留守番電話で間違いないとしても、融資実行の是非を残すことはできない。留守番電話を耳にするのは本人とは限らない。個人情報保護法はうるさいほど徹底されていた。

融資起案書を見ながら、豊中が支店に現れた時のことを思い出した。

彼は支店と取引のある中堅の建設会社の社長からの紹介、支店長に確認した。「前向きに進めろと言うことでしょうか」。すると、支店長は「判断は君に任せる」との返事。言質をとられたくない支店長のいつもの口癖で終わった。

約束の時間、豊中はダブルのスーツで現れた。アシスタントはご丁寧にも会議室を予約していた。

ノックをすると、「どうぞ」の声が聞こえた。まるで部下が上司の部屋に入るようだ。

（まっ、これも仕事か……）

腰を低く、会議室に足を踏み入れ、名刺を交換する。名刺には大手通信メーカー営業第二課課長の役職が記載されていた。豊中は黒い革製のバッグを開き、資料を取り出す。私はいたたまれなくなり、口を開いた。

「豊中様、今日はどういったご用件で?」

「え、聞いてないの?」

「はぁ、融資のご相談というだけで、何の融資なのか、まったく……」

「社長に伝えていたのに……。ったく、報連相はどうなっているんだ!」

もう聞きたくない。豊中は何を勘違いしているのだろうか。豊中はげんなりとした私の様子を気遣う様子もなく続けた。

「賃貸マンションの融資ですよ。一週間前に競売で落札したんだ。君は武田神社を知っているかね。甲府駅から二キロ北に行った場所にある」

「はい」

甲府在住の人間に武田神社を問うとはどうかしているのだろうか？

「そこから四〇〇メートル北に行った場所、古府中町の賃貸マンションを競売で見事、落札したんだ。二番手は私を紹介してくれた建設会社でね。どうしてもリフォームをしたいと。だったら、残金の借入先を紹介しろと条件を出したんだよ」

「はぁ……、いや、そうでございましたか。それは、それは」

頭の中をぐるぐると巡らす。紹介してくれた中堅の建設会社の業容は芳しくない。競売不動産の再販売を考えていたのだろうか。豊中は封筒の中から事業資料を取り出しながら続けた。

「そこの社長が熱心でね。彼は事業計画書も作っていたから、私に預けるとこうだ。東京まで来て説明しに来たんだよ。彼はこの支店とは長い付き合いだと聞いている。そうなんだろ？」

「はい、二〇年、いえ一八年のお付き合いです」

「そう、だったら問題ないな」

「何がでしょうか？」

「融資、融資だよ。金利はあまり高いと他行に行っちゃうよ」

「もう、すでに他の金融機関に打診されているんでしょうか」

「当たり前だろ。商売だからな」

豊中は鼻息荒く、テーブルの上に用意されたお茶を一気に飲み干す。そして、信じられない行動に出た。

「融資金額と融資条件の希望はこの書面に記載している。私の源泉徴収と住民票、それと納税証明書も同封しておいた。いや、忙しくてね。午後三時から会議があるから。ははは、時は金なりだろ。まっ、そういうことで、よろしく頼むよ。融資の決済が降りたら、一度東京に出て来ないかね。綺麗どころを用意しとくから」

一気に喋り倒すと、豊中は「失敬、失敬」と笑いながら会議室をあとにした。

「八番にお電話です」

アシスタントの声にはっと我に返り、着信番号を確認する。豊中の携帯電話だった。気が重い。だが、宣告しなければならない。私はゆっくりとボタンを押し、受話器を耳に当てた。

「困るんだよ。今、仕事中だよ」

「豊中様でございましょうか?」

「当たり前だろ。それで、どうなったの金利はいくつ?」

「申し訳ございません。当行では……」

「え? 駄目ってこと」

「はい……、融資中込みのご連絡が間近でございまして、緊急の融資事項には当たらないと」

電話は一方的に切られた。本当にどうかしている。大手通信メーカーの営業課長かどうか知らないが、人としてどうなのだろうか。私は差し戻された稟議起案書をデスクに投げ出す。アシスタントが遠慮しながら口を開いた。

「大変ですね」

「いや、そうでもないよ。それより中内さんもうそろそろだろ」

「いらっしゃってます。お部屋をお取りしたんですけど、『いえ、僕はここで』って」

窓口には既に五年の取引をしている中内がいた。いつものように着古したTシャツにジャンパーの出で立ち。彼を呼び出したのは月末までに五〇〇万円を借りてもらうためだった。私はいそいそと商品カタログを手に受付に急ぐ。中内は私を見つけると、さっと立ち上がり、深々とお辞儀をする。私はアシスタントに「コーヒーを頼む」と言い添え中内の前に座った。

解説 メインバンク作りは恋愛と同じ。威張って良いことなど一つもない

本業に自信のある融資申込み者は勘違いをした態度を繰り返しがちです。兼業大家さんは個人のビジネスであり、本業の背景は付け足しでしかありません。にもかかわらず、金融機関の融資担当者に大言壮語の態度を取るのはどうしたわけでしょう。

本編に登場する豊中の態度は漫画のように思えるかもしれませんが、今日も明日もどこかの支店で繰り広げられています。一方、見栄えのしない中内に対して、融資担当者は融資の押し込みを画策します。いったいどういう理屈が存在しているのでしょうか。

それは、金融機関は拙速を嫌うという一貫した行動原理によるものです。

金融機関は預金を集めるだけでは成り立ちません。本当のお客は預金者ではなく、融資先です。ただ、融資を求める人間は玉石混交。借りたが最後、返済をしない融資申込者も存在します。そこで必要なのは融資対象者の査定です。融資をしても大丈夫な人間かどうか、いの一番に査定します。

つまり、金融機関は融資対象者を選定し、融資案件を吟味し、融資条件を確定し、融資を実行するのです。


融資対象者の査定項目、「属性」は多岐に渡ります。
①勤め先、②勤続年数、③給与所得、④給与外所得、⑤貸家、持ち家、⑥年齢、⑦健康、⑧家族構成、⑨借入金総額、⑩金融資産、⑪不動産など金融外資産、⑫確定申告、⑬実績

ざっと挙げただけで一三項目。豊中は属性の①から③、勤務状況に絶対の自信があったのでしょう。ただ、豊中はそれ以外の説明をすることなく席を立ってしまいました。おそらく、居住地近くの金融機関に打診をしたのだけれど、やんわりと断られ、物件の所在地の金融機関に話しを持ち込んだのではないでしょうか。

金融機関は物件の所在地よりも融資申込者の居住地域を優先させます。断られて当然の融資申込みだったのです。競売不動産は市場価格よりも三割から四割は安く購入できますので、担

保価値に問題はありません。問題なのは、新所有者となった融資対象者がしっかり運営できるのかどうか。運営できなければ、いずれ返済に支障をきたすので金融機関は実績を重んじます。

見栄えの悪い中内はこの点で信用を勝ち得ているのでしょう。融資担当者は中内から融資の申し込みがないにもかかわらず、金を貸し付けようとしています。これこそ、メインバンクになった証拠です。金融機関は安心できる融資対象者に金を貸し付け、危ないところからは資金を引き上げます。

俗に「天気の時に傘を貸し、雨になると傘を引き上げる」と言われる所以ですけれど、この事実をしっかり把握するべきです。信頼されるには時間が必要です。すぐに信じろと言う方が無理なのです。

「やっぱ、そうなんだ。持ってる奴じゃないと大家さんになんかなれないよな」

そう、落胆する必要はありません。勤務状況に不安があったとしても、一つ一つ積み重ねれば良いのです。

具体的には戸建を自己資金で落札し、抵当権の設定されていない不動産を所有し、家賃をメインバンクに振り込めば良いのです。一軒大家さんの場合は注目されませんが、二軒、三軒と積み重ねれば金融機関は態度を改めます。そして、ついには「もし、よろしかったら融資のご相談などさせていただけませんか？」と嬉しい声を聞くことになるでしょう。それがメインバンクを勝ち得た証拠です。

ケーススタディ 12

【不動産仲介業者との関係】

土日や祝日に賃貸仲介業者に入居率アップの相談をしてはならない

日曜日の午前一〇時、もうそろそろ電話がかかってくる。アシスタントの淹れた熱いコーヒーを手早く飲む。

「店長、浜田さん五番です」

浜田は入社一ヶ月にならない新人だ。今日は二度目の内見に出て行った。内見で紹介する物件は四件あるはず。いったいどうしたのだろうか？

「どうした？」

「決まりそうです」

「おい、大丈夫か。最初の物件は家賃一一万、共益費八千円の物件だろ」

「はい。二万円負けてもらえれば決まります。大家さんの電話番号は何番でしょうか？」

「ば、バカ野郎！　お前は何を言ってる。仲介業者が勝手に家賃を下げてどうするんだ。それで、お客には下げるって言ったのか……」

まだ早かったのだろうか。昨日の夜、一緒に内見ルートを作成し、一つ一つの貸家の意味をあれほど詳しく説明したのに、こいつは何を聞いていたのだろうか。浜田は聞き取れないほど小さな声で言った。

「なんだ、何んて言った？」

「交渉してみますと……」

「そうか」

ほっと胸を撫で下ろし、残り少なくなったコーヒーで口を潤す。平静に戻った俺は包容力たっぷりの声で言った。

「浜田君、君の熱意は買う。熱意がなければ、何もできないからな。ただ、俺たちのお客は入居希望者だけではないんだ。分かるだろ？　一一万円の家賃を二万円下げるのはありえない値引きだ。その物件はデザイナーズマンションの人気物件だからね。お客様には、『交渉をいたしましたが、下げても二千円が限度です』と、謝罪して次の物件に向かってくれないか。君ならきっとできる。いいか、それぞれの物件にはいい所、悪い所がある。思い出せ、最初の物件は広く綺麗で高い。次の物件は広いけど設備は古い。三番目は狭く設備は古いけど、安い。最後は覚えているかい？」

「お客様にぴったりの物件、です」

「そう、希望の２ＤＫで前の物件よりも若干広い。駅から少し遠いけれど、水周りは交換済み。家賃は以前の物件よりも少しだけ高い。ただ、交渉すれば、以前の家賃よりも安くなる可能性があるわけだ」

「だったら、次は四番目の物件に案内しましょうか」

受話器を叩きつけたい衝動に駆られる。一昔前だったらそうしていた。ただ、この頃の新人はすぐに辞める。辞めて家に閉じこもることを〝屁《へ》〟とも思っていない。驚いたことに、親元から通っていない奴らは平気で生活保護を申請してパチンコ三昧だ。新人の離職率が高いと俺の評価も下がる。

俺は深呼吸を繰り返し再び受話器を耳に当てた。

「店長ぉ、店長ぉおお」

「ああ、聞いているよ。浜田君、昨日の夜も話したことだけどね。お客様はたくさん見て、自分が決定したと思いたいんだよ。君の努力は無駄じゃない。どの物件も熱意を持って紹介してくれるかな」

「了解しました」

「うん、頼もしいね。また、何かあったら電話を頼む」

浜田は「はい！」と、小学一年生のように大きな声を出して電話を切る。アシスタントの女性が笑いながら言った。

「店長、胃薬買ってきましょうか？」

「いや、いいよ。それより、コーヒーをもう一杯頼む」

彼女は俺がこの店に赴任する前からいる生き字引のような存在だ。今も俺の苦りきった状況を笑いに変えようとしてくれている。

ほんとに週末は戦争だ。一分一秒も無駄にはできない。

と、そこへ来店のチャイムが鳴る。

ノートパソコンのキーを指で弾く。すると、画面は店内の映像に切り替わる。ネクタイをしっかり締めた二〇代後半の男性と、その横には、目にも鮮やかな金髪の女性がいる。俺は二杯目のコーヒーを口にせぬまま店に出た。

「いらっしゃいませ」

「家を探しているんですけど」

「はい。お客様のご要望に添う物件を各種取り揃えています。間取りはどういった……」

「2LDKかな。家賃は共益費含めて一二万円以内にしたい」

「そうでございますか。それで、入居希望日は?」

入居希望日は重要な試金石になる。通常であれば、一ヵ月後、早くても二週間後だ。なぜなら、退去通告日は一ヶ月前なので、少しでも住居費用を節約したい入居希望者は引っ越し先を決めてから居住中の貸家に退去通告を出す。にもかかわらず、入居を急ぐ入居希望者はなんらかの背景がある。

その点をはっきりさせなければ、家賃滞納を招きかねない。

男は遠慮しながら言った。

「まだ、先なんですよ。来月の終わりに彼女と結婚式を挙げるんですけど、ハネムーンから帰ってきて住みたいんです」

「そうでございますか、おめでとうございます」

俺は心の中でガッツポーズをする。アシスタントは何も言わないのに、コーヒーと茶菓子を用意してくれた。俺は席を薦め、アンケート用紙を取り出し空欄を埋めてもらう。そして、花嫁さんとなる彼女に英語で話しかけた。男は意外そうな顔をして言った。

「喋れるんですか?」

「いえ、日常会話くらいです。日本も国際的になりましたから、多少なりとも話せないと店長になれないんです。学生時代、英語は大の苦手でした、梶山さま」

俺はアンケート用紙の氏名欄をすばやく見て男の名前を口にする。梶山は笑顔を浮かべながら彼女との馴れ初めを話し始めた。俺はアイパッドをカウンターの下から取り出し、物件を見せる。

本命は浜田が一軒目にお客に紹介したデザイナーズマンションの一室、2LDKの物件だ。家賃月額一一万円、管理費八千円。合計は月額一二万円に収まる。家主に交渉をすれば、三千円の値引きは可能だろう。新婚の若夫婦であれば、長期間の契約も望める。

俺は頭の中で内見ルートを作成して、内見客を確保出来なかったスタッフを呼び寄せ、梶山に紹介した。

「梶山さま、もしよろしければ、こちらの小暮が案内させていただきます。また、何かありましたら、私に直接お電話をいただいても結構です」

今日中に八件、成約しなければならない。俺はお客を見送りながら気を引き締めた。

解説

入居募集を大家が単独で行うには限界がある。賃貸仲介業者の嫌がる行動を取ってはならない

不動産仲介業者、大家さんにとってなくてはならない専門職です。皆さんが物件を所有し、入居希望者を見つけていただくのは不動産賃貸仲介業者です。そこで、彼らが土曜日や日曜日、どんな日常を過ごしているのか、記述してみました。

彼らの一週間は木曜日から始まります。

木曜日は「残務」と呼ばれる不動産賃貸契約の残務作業と新たな物件の重要事項説明を作成するため、登記簿謄本や公図などを取得すべく法務局に立ち寄り、大家さんへのご機嫌伺いをします。

金曜日は朝から見込み客に電話をかけ、土曜日、日曜日の内見を取り付けます。

そして本番は土曜日と日曜日です。早朝から夜遅くまで三件前後のお客様に賃貸物件を紹介します。入居申込書が入れば、大家さんにＦＡＸを流し、店子さんの承認を得ます。最近は家賃の連帯保証は保証会社を連帯保証人の他に付ける場合も多いので、入居人の審査も保証会社に同時に流します。

全ての手続きが終了し、月曜日は契約日となります。

火曜日は半ドン。月曜日にこなしきれなかった雑務をこなします。そして火曜日の午後から

水曜日にかけて休日。疲れきった身体を休めます。

いかがでしょうか。不動産仲介業者の皆さんは結構ハードな日常を過ごしているのです。

彼らに圧し掛かるノルマは月に二〇〇万円前後の仲介手数料です。家賃五万円の賃貸住宅であれば、一件当たり貸主と借主双方の手数料で一〇万円ですから、月に二〇件成約しなければなりません。月に二〇件ということは一週間で四件ですから、かなり絞り込んだ案内をしなければ達成できない数値です。

しかも、漸くノルマを達成したとしても、来月も新たなノルマは続きます。「人生とは、重き荷を背負いて、遠き坂道を行くが如し」と言ったのは、かの徳川家康公ですけれど、まさに不動産業界で働く人々にとっては実感することでしょう。

入居率の悪い大家さんは自らが暇な休日、土曜日や日曜日に督促の電話をかけがちですけれど、悪いことは申しません。土曜日や日曜日に不動産仲介業者に電話をかけるのは止したほうがいい。土曜日や日曜日は彼らにとっては主戦場です。生きるか死ぬかの瀬戸際にいるときに、「ねぇ、うちのアパート、なんで入らないの。ほんとにしっかりやってくれてる?」などと、文句を言おうものなら、嫌われること間違いなしです。

また、約束を破る大家さんもいただけません。

例えば、家賃八万円で募集していた貸家を七万六千円にまで値下げしても良いという話を営業マンにしたとしましょう。営業マンは四千円の値下げを根拠に以前紹介したお客に紹介します。

そして、入居申込書を流したところ……。

「七万六千円か。ね、二千円上げてくれない？　四千円のダウンはきついわ」

などと口にしようものなら、この大家さんの言葉を営業マンは誰一人信用しなくなることでしょう。

「悪事千里を走る」という諺を挙げるまでもなく、悪いうわさはあっと言う間に広まってしまうものです。

「面倒ね。知り合いに貸そうかしら？」

顔の広い大家さんは自らの知り合いに家を貸そうとツイッターやフェイスブック、ＳＮＳなどで呼びかけますが、不動産賃貸契約だけは本職に任せた方が無難です。誰も最初から家賃滞納なんて考えていません。ところが人生は何があるか分からないもの。連帯保証人や保証会社でリスクヘッジするなら、最初から本職に任せるべきです。

ケーススタディ 13

【家賃滞納問題】家賃管理を業者任せにしてはならない

東西線の最終電車に揺られながら、窓の外を見る。電車の揺れは足元から激しくなり、ゆうに一キロを超える荒川の鉄橋を越えてゆく。乗客の三割ほどは意識朦朧《もうろう》とし、一割は熟睡している。

円高とデフレで企業を取り巻く環境は厳しい。人員整理は部署移動という名のもとに日常的に行われ、不足する人員が埋められることはない。

荒川の東、葛西駅を過ぎ、西葛西へと続く。電車の揺れにその身を任せる乗客を見ていると面白い。熟睡していた乗客は自分が降りる駅の名前を耳にすると、イビキをぴたりと止め、慌てて周囲を見回す。その様はまさに達人の域だ。

私は込み合う人の波を掻き分け、浦安で電車の外に出た。周囲の乗客は我先に階段を転げ落ちるように下ってゆく。

私は周囲の喧騒から離れ、妻に電話をした。

「今着いたよ」

「そう。私ももうすぐ駅。何か食べてく?」

「いいね。坊主達は」

「寝てる」

私は「じゃ、あとで」と言って携帯を切った。なんでもないことかもしれない。ただ、こんな余裕が今の私には嬉しい。


バスやタクシーを待つ最終電車の客を尻目に妻の運転するクルマに乗る。

「お待たせ。ありがとな」

「どういたしまして。これぐらいしないとバチが当たるわよ。今どき、専業主婦なんていないんだから」

彼女のこんな一言がたまらない。私は手にしたお土産を見せながら言った。

「これ、ショートケーキの詰め合わせ」

「ありがと。ね、何食べる? あたし、チーズフォンデュがいい」

「そうだなファミレスでも行くか」

妻は手馴れた仕草でハンドルを操り、自宅近くのファミレスにクルマを止める。眠そうな従業員に案内されて席に着くと、妻はなんでもないことのように言った。

「今日、通帳記入に行ったらさ、グリーンハイツの山田さんから入金がなかった」

「他の人は?」

「ばっちり、あとの人は全部入金済み。総額一〇六万三〇〇〇円、凄くない？」

「ははは、給料の二倍以上だな。で、山田さんの方はどうする？」

妻は得意そうに口を開いた。

「もう、家賃保証会社に家賃滞納のＦＡＸは流しておいた。それと、葉書も投函しといた。あと、は山田さんを紹介してくれた中央不動産の松岡さんに連絡した。何も返事がなければ、一週間後、山田さんに連絡してくれるって。それとね、退去した二〇七号室だけど、もう予約が入った。これでまたさ、満室になるね。あとさ……」

私は言葉を尽くして労う。久方ぶりの二人だけの深夜会議は時間を忘れるほど。ただ、最初からこうではなかった。

不動産投資を始めて少しすると、戸惑うことばかりだった。

その筆頭は家賃の不払いであるのは言うまでもない。大家である私はやりくりして捻り出したお金で部屋の内装を完璧にして貸しに出している。店子はその対価として家賃を払う。この当たり前のことがどうして守れないのか分からなかった。

そして、不動産の管理を任せた妻は家賃の不払いに気づきもしなかったのだ。坊主が生まれたばかりだったので、今から五年前だったろうか。

私の叱責に妻は泣きながら言った。

「私が悪いのよ。ええ、そうよ。だからどうしろって言うのよ。あなたはいいわよ。物件増やして、大好きな仕事してさ。面倒な、子育てや貸家の管理は私に放り投げてさ、いいご身分じゃない。ミスをあげつらえばいいんだから……。ほらっ、もっと言いなさいよぉお！」

言えるはずがない。その先を言えば、二人の関係は修復不可能になるのは火を見るより明らかだ。女性という生き物はこうした瀬戸際外交をどこで覚えるのだろうか。男性は女性の最強の切り札を前におろおろするしかない。

当時の私もまさにその渦中、「申し訳ない。君がいなければ、僕は何もできないのは、よぉ～く分かってる。言葉が過ぎた。これは僕の悪い癖だ。許してくれないか？」とすがりつくしかなかった。

滞納は四ヶ月が一人、三ヶ月が一人、二ヶ月以内の滞納者は二人いた。当時の店子の数はまだ八人だったから、滞納者の数は実に五〇％と信じられないほど高かった。家賃保証会社は「家主の一ヶ月以内の告知義務違反」を根拠に家賃保証をしなかった。しかも、家賃滞納三ヶ月の店子はついに連絡不能となり、夜逃げをかまされた。もう泣きっ面に蜂とはこのことかと思った。

何度もグリーンハイツのある木更津に行き、不動産仲介業者と善後策を協議した。夜逃げをかまされた店子の連帯保証人にも会い、なんとか建物明渡し訴訟をしないで済んだのは不幸中の幸いだった。

家賃滞納者にはボーナス時での清算を提案し、月々の家賃にも上乗せしてもらった。彼らの言い分にも耳を傾けた。

「もっと早く言ってよ。こっちは払ったと思ってるんだもの。払ってなかったら、払ってないって、言ってくれないと、払ったと思うじゃない。そうでしょ？」

「仰るとおりです。申し訳ありませんでした」

下げないでいい頭を何度も下げ、自宅で疲労困憊している私に妻は声を掛けてくれた。

「あのね、私も頑張るから。ね、どうすればいい」

待っていた。彼女が心を開いてくれるのを。家賃滞納は企業の経理と同じであると思い始めていた。入金管理をいかに漏れなく行うか。未入金の支払い先には迅速にその事実を伝え、状況を把握する。入金が遅れがちな取引先には要注意のフラグを立て、今後の善後策を社内で協議する。こうした当たり前のことを淡々と行うことの重要さを感じていた。

私は真っ白い紙に一つ一つ記述しながら、妻に説明した。一時は家庭内別居同然だったのに、妻は態度を一変してくれたのだ。

嬉々としてチーズフォンデュの鍋に野菜を入れる妻に「ありがとな」と、話しかけた。

「え、どしたの？」

「いやいや、僕が仕事に集中できるのも君のおかげだと思ってね。覚えてる？　最初の頃。僕はまだまだ子供で、自分のことしか考えていなかった。子育ての大変さも、貸家の管理の煩雑さもさ……」

妻は目元をハンカチーフで押さえ、にっこりと微笑んだ。

解説

滞納家賃の督促をシステム化しないと、店子に殺される

家賃滞納は大家さんにとっての成人病です。しかも、放置すると死に至る病ですから放置は絶対にしてはなりません。

残念ながら、督促がなければ家賃を払わない人物は一定数存在します。そして、滞納家賃が多くなると開き直るのもこうした人たちです。

さらに、家賃滞納を続ける彼らは家賃を支払っていない事実を得々と周囲に自慢します。それを耳にした周囲の店子は恐る恐る家賃を払わない。そして、督促がないことを知ると、家賃を払わないことを当然のように感じ、家賃滞納の病は蔓延してゆくのです。

この病に冒された大家さんは大変です。なぜなら、店子さんの意識を変えることから始めなければならないからです。

無銭飲食は犯罪ですけれど、この国では無銭入居は犯罪ではありません。どちらも、有償でサービスを購入するのですが、借家権で保護された店子さんが罪に問われることはありません。法律で定められているのは家賃三ヶ月以上の店子に対して、建物明渡し訴訟の申し立てを起こせることと、家賃の支払いのみです。

訴訟は時間と費用がかかりますから、任意の協議を必要とします。連帯保証人に支払いを求

め、保証会社に家賃保証を申請しなければなりません。

本編のストーリーでも申し上げましたが、家賃管理は通常の企業と同様に入金管理を徹底することから始めてください。

通常の企業も請求書を取引先に送り、入金のチェックをします。未入金であれば、その事実を相手先に通知し、度重なるようであれば、取引停止も考慮します。

ところが、大家さんの場合、本業でこうした入金管理を目にしているにもかかわらず、「不動産賃貸業がビジネスである」という感覚の鈍い方が多いのが現実です。「家賃は払うべきもの」という常識がそうさせているのでしょう。

ビジネスにはトラブルがつき物です。これは紛れもない事実です。皆さんもトラブルを次々に解消しているからこそ、お給料を手にされています。営業も経理も総務も技術開発もどんな職種であれ、知らない人間にとってはまさにトラブルです。

大家さんの業務も同様と考えてください。必ずトラブルは起きる。その前提に立って、システマティックに業務を構築してください。

具体的には、通帳記入。最近はネットバンキングの発達により、自宅でも入金管理ができますので、いつ入金されたのか即時に判明します。

未入金が発覚したなら、家賃保証会社に即時に家賃滞納の事実を記載した書類をＦＡＸで流し、着信を確認してください。

そして、本人には、
「〇月〇日現在、家賃の入金が確認できません。本書到着前に入金して頂きましたらご容赦ください」
という内容を記載した葉書を送ってください。この措置だけで、少なくとも家賃滞納の病は蔓延しません。

こうした措置を講じてなお、家賃滞納を続ける店子は何らかの障害があるはずです。家賃保証会社そして連帯保証人に連絡を取り、退去に向けた話し合いを為すべきです。その際、店子さんを紹介していただいた不動産仲介業者の担当者も巻き込めば、ベスト。彼らにも責任の一端を感じていただきましょう。

無論、賃貸管理を不動産仲介業者に任せれば、業務の多くを不動産仲介業者に依頼できますので、大家さんの負担が少なくなります。

ただし、任せっぱなしは危険。家賃の入金管理と滞納の対処については担当者に説明を求めてください。

ケーススタディ 14

【退去と再リフォーム】常に改善を続けていかなければならない

アパートオーナーの隅田は目を伏せたまま、口を開いた。

「もうだめです。申し訳ありません。返済もままならない状態です」

机の上には、管理契約解除申し込み書が差し出されている。アパートの管理を請け負ったのは前任の店長だった。場所に問題はないのだが、隅田のケチぶりと昨今の不況が影響して退出者が続出した。不安を覚えた隅田は管理費をケチろうと、管理契約の解除に訪れたのだ。私は静かに話し始めた。

「管理契約の解除には半年間の猶予期間が必要です。現在の管理契約は家賃の一〇%です。エンゼルハイツは一〇室、月額家賃は一〇万円ですから、月額一〇万円、解除費用として六〇万円を振り込んでいただければ、即日解除できます」

「お金がありません。だって、退去が続いて、四室も空いてる。払えるわけないじゃないですか。満室にできない管理会社の責任はどうお考えですか」

「隅田さん、リフォームをしていない部屋を入居希望者に紹介できませんよ」

「決まったら、リフォームするって約束しているでしょ……」

「ええ、一〇七号室はそれで仮契約をしましたよね。ところが、こちらのリフォーム案を実施されなかった。お客様と仮契約をした段階で図面確認して、ご承諾していただいたにもかかわらずです。結局、契約は流れてしまいました」

「そ、それは。不必要な部分があったからですよ。それとこれとは問題が違う。すり替えないでください」

もう潮時だろうか。隅田と話しても仕方がないように思える。

とその時、店のドアを叩く音がした。火曜日の午後七時。店の看板はしまい、従業員は午後から休日に入っている。

私は「失礼」と一言口にして、入り口に向かう。扉の向こうには、豊満な女性が頭を下げている。鍵を開けると、女性は申し分けそうな口調で話しかけてきた。

「隅田の家内です。うちの人います？」

「ええ……、今話しています」

「ちょっと、お邪魔してもよろしいですか」

女性はそう口にすると、私の承諾を取り付けぬまま中に入った。内鍵を再度掛けていると、「なんだ、お前？」「なんだじゃないでしょ。また、変なこと言いに来たんでしょ。黙っていられないよ」と言い合う二人の会話が聞こえた。

私は給湯室に避難しつつ、コーヒーを三つ用意した。夫婦の間に分け入るのは危険が大きすぎる。ただ、二人の会話を耳にした限りは、主導権は奥さんにあるようだ。それに、このまま管理契約を流してしまうのは惜しい。

お盆を手にして戻ると、状況は激変していた。奥様は勝ち誇り、私に食ってかかっていた旦那はしおれている。旦那に代わり、奥様は身を乗り出しながら口を開いた。

「もうこの人には任せられません。私が仕切ります。それでいいよね、あんた!」

「ああ、好きにしろ」

私は二人の様子を注視しつつ、コーヒーを差し出す。奥様は「ありがとうございます」と頭を下げ、カップに口をつける。彼女は何をどう仕切るのか気になり尋ねた。

「それで……、どういったことに。手前どもにどうしろと?」

「管理は今まで通り、お願いしたいんですけど。この人が言うようにお金はかつかつなんです。何かいい知恵はありませんか」

あけっぴろげな彼女は、隅田家の財務事情を詳細に語り始めた。四室空いた状態では返済と管理費で終わる。給与所得から回そうにも、次のボーナスまで纏まったお金を用意できない。

私はしばらく考え、口を開いた。

「なるほど。三つ手段があります」

「ほらっ、三つもあるんだって。教えていただけませんか、店長。この通りです」

「一つは、空室になった四つの部屋の徹底的な清掃です。これは隅田さんご夫妻が実行することも可能、お金をかけないで、自らの労働力を投下する手段です。入居希望者が最も嫌がるのは『汚い』ことです。設備の古臭さは家賃の値下げで対応できますけど、室内や水周りが汚れていると、見向きもされません」

「わかりました。明日から実行します」

「いいですか、隅田さんのアパートは洗浄できるタイプの壁紙ですから、大晦日の掃除以上に清掃してください」

彼女は手提げバックの中から取り出した手帳に几帳面な文字で書き入れ始めた。私は記入を終えたことを確認して言葉をつないだ。


「二つ目は、二〇万円前後のお金、いつでも用意できるお金を作っていただきたい。理由は緊急クレームに対応する費用です。店子さんには快適な住環境を約束して入居していただいています。にもかかわらず、これまでのクレーム対応は遅れていました。

例えば、給湯器の不具合を二週間も放置されていた。一〇七号室の独身女性の店子さんです。女性にとってお湯が出ない、お風呂に入れない部屋は最悪です。結果、彼女はクレームから一ヵ月半で退去されました。もし、あの事件がなければ今も入居されていたはずです。

他には、排水の詰まり、二〇三号室の中年男性の店子さんでした。この方も退去された。クレームに即時対応できなければ、お客様からクレームを受けるこちらの担当者の印象も悪くなりますし、営業マンもそうなる。如何でしょうか？」

「わかりました。今用意できるのは一〇万円ほど。残りはなんとか、一ヶ月以内に……。今はこれが精一杯です。三つ目は？」

自らの不手際を指弾された旦那は勝手にやってくれ状態。だが、奥様はそんな旦那に構うことなく真剣な表情に見える。私は困難な三つ目に取り掛かる。

「三つ目は、隅田さんにもご協力願わなければなりません。アパートの立地は駅にも近く日当たりもいい。ただ、水周りの設備、特にお風呂のバランス釜が不評です。それと、コンロも二口ですし、多少の変更をすれば、家賃の上昇も見込めます。そこで、借り入れをして設備更新の費用に回していただきたいのです」

「そ、それは無理よ。もう、抵当権がバッチリついているし……」

私はデスクに行き、パンフレットを手にして言った。

「日本政策金融公庫をご存知でしょうか。隅田様は事業規模以上の大家さんですし、確定申告をずっとなさっていらっしゃる。『運転資金』名目で金利二・二一〜二・六％、七年返済で借り入れることが可能です」

仏頂面をしていた旦那はパンフレットを手にする。

私は詳細に設備更新の計画を話し始めた。

解説

空室率の上昇を避けるには早期発見。退去理由を把握し、改善ポイントをつかめ

退去には原因が必ずあります。原因がなければ、わざわざ手間のかかる引越しなんてしません。

「仕方がない」この一言で終わるようだと、退去は続き、いつの間にか幽霊屋敷になる可能性もあります。

笑顔で見送ることのできる退去理由は、①新居購入、②転勤、③結婚の三つ。

大家さんに宿題を残す退去理由は、①近くへの引越し、②貸家への不満、③家賃滞納の三つです。

退去立会いをしてくれる不動産仲介業者には店子さんに退去理由を聞いてもらうようにしてください。文字を書き入れるのではなく、チェックシート形式にするとより具体的になるでしょう。

例えば、「満足ゆかなかった項目にチェックを入れていただきたく」などと上に記載して、①敷地や共用部、②駐車場、③玄関周り、④リビング、⑤お風呂、⑥台所、⑦寝室などとし、その後ろに、「チェックした項目の中で具体的に記述いただきたく」と記述すると、回答率が上がります。

無料で行うのではなく、千円か二千円を退去清算費用と別に差し上げれば、入居者にも喜ばれます。

クレームの「見える化」は改善の第一歩です。なぜ、退去したのか。その原因究明なくして再リフォームはあり得ないと言っても過言ではありません。

貸家は新築当初の流行をそのまま残した化石のようなもの。一年、二年で設備は陳腐化しませんが、一〇年、二〇年経過すると、徐々に古臭くなります。また、設備には耐用年数がありますので、永遠に使用できる設備はありません。ウィークポイントを強化する再リフォームが望ましいのは言うまでもないのです。

また、貸家の評判は広さ、立地、設備の主要三ポイントだけではありません。入居者の不満をどのくらいのスピードで解決したのか、この点も入居者の判断材料になります。クレームを放置すると、当初の不満を超え、大変なことになりかねません。入居者は不動産仲介業者に電話をかけ、大家さんの不実を言い募ることでしょう。

不動産仲介業者の立場に立ってみてください。こんな大家さんが所有する貸家をこれからも紹介しようと思うでしょうか。全ては繋がっています。何かが単独で存続することなどないのです。自らの考えだけで判断するのではなく、幅広い視点で物事を判断するようにしてください。

また、大規模な改装費用を必要とするのに手持ち資金がない場合、どこからか資金を用立てなくてはなりません。何もしなければ緩慢な「死」を迎えることになります。

第一は定期預金や株などの金融資産の取り崩し。

第二は親や祖父などからの援助。

そして第三はメインバンクなどの金融機関からの借り入れです。

さらに、五棟、もしくは一〇室以上の貸家を所有している事業規模の大家さんの場合には、日本政策金融公庫からの借り入れも選択肢の一つとなります。金利は二%台と低く、「運転資金」名目で借り入れ可能です。返済期間は七年と短いものの、設備更新費用としては最適な借入先です。

大家さんは列記としたビジネスです。ビジネスであるからには改善を続けなければ、その位置を保つことはできません。

現状に甘んじるのではなく、冷静な目で現状を分析し、改善ポイントを積極的に探し、果敢に改善を続けるからこそ、安定した家賃を手にできるのです。

ケーススタディ15

【空室対策】空室原因から目を反らしてはいけない

三年前、脳梗塞で倒れた親父を助手席に乗せ目的地に向かう。親父はガス販売会社の創業者。戦後間もない頃に会社を立ち上げ、姉と兄そして俺の三人を育て上げた。強烈なリーダーシップは家の中でも変わらなかった。親父は外を眺めながら言った。

「もうすぐか?」

「この角を曲がったところ……」

ブレーキを踏みながら、ハンドルを左に切る。ゆるい坂道の先に足場を取り外している最中の鉄骨造二階建てのアパートが見えてきた。

「あれだな。でかいじゃないか。相場はいくらくらいだ? もし売るとしたらだ」

根っからの商売人の親父はずけずけとモノを言う。

「物件は一四室です。ただ、この近辺の一〇室、同じ間取りのアパートは四五〇〇万円で売りに出されています」

「ほぉ〜、すると、六三〇〇万円前後だな」

「そう、なりますか」

数字に強いのは昔ながら。俺は身構える。いつもなら、「二桁の暗算くらい出来るようにならなければ駄目だ」とかなんとか、小言を口にする。だが、親父の口から出たのは意外な言葉だった。

「やったな。一族の中から家主を志す奴が出るとは思わなかった。それに、購入した経緯がいい。一四〇〇万円で落札したんだろ」

「はい。でも、リフォームで八〇〇万円、かかりました。あと、諸経費で一〇〇万円」

「まっ、どう転んでも大勝だ」

親父の横顔をちらっと見る。紛れもなく、親父の顔だった。ただ、深く刻まれた眉間の皺は薄く、大きく横に開いた口から象牙のような歯が見えた。俺はクルマを駐車場に停め、ハンドブレーキを引く。設計図面を手にした一級建築士が会釈をするのが見えた。


地元の普通科高校から、難易度の高くない私立の工業大学を卒業した。勤め先は超高層ビルのビルメンテナンス会社。勤務条件は良くないものの、安全に人生を送るにはもってこいの就職先だった。

職場で恋をし、結婚したのは六年前。新築マンションを購入しようと、頭金を貯めた。酒もタバコもやらずに貯めた貯金を元手に株投資をすると、資金は大きく膨らみ、中古マンションなら自己資金で購入できるほどになった。

家族で新築マンション巡りをしている時は楽しかった。勤め先を口にすると、渋い顔をする営業マンも定期預金証書の写しを見せると、「大丈夫です」と恵比須顔に変わった。ディズニーランド好きの妻の趣味を考慮し、新浦安の新築マンションに絞った。それが一年と少し前。契約を翌週に控えた最中、あの東日本大震災が起こった。

ディズニーランドの駐車場は波打ち、街の生活インフラは破壊された。マンホールは巨大なキノコのように競りあがり、マンションのエントランスには段差ができた。仮設トイレに並ぶ住民の姿、給水車に列を成す住民がテレビ画面で流れた。

「ま、待てよ。本当に新築マンション買っていいのか？」

不安を感じ、不動産投資本を読み込んだ。そして、本の著者に有料で個人レッスンをしてもらった。

著者はなんでもないことのように言った。

「住宅ローンも家賃も住居費です。ならば、家賃を貸家で稼いで今の家賃を払えば、住居費はただになりますよ。貸家を購入するなら、競売不動産がお勧めです」

取り組み始めた時期が良かったのか、秀逸の物件に出会った。東日本大震災の直後の競売不動産への参加者は少なく、対象物件を特別売却で落札したのだ。

キーを引き抜き、クルマの外に出る。そして、助手席のドアに向かうと、親父は既にクルマの外に出ていた。

「大丈夫？」

「問題ない。この頃調子がいいんだ」

親父はアパートから目を離すまま、そう口にした。俺は、図面を手にした設計士を親父に紹介した。

「お世話になっている大塚先生です」

「大塚です」

「いや、これはこれは。倅がお世話になりました。ガスはプロパンですか？」

「え？　はい」

「給湯設備は交換しました？」

俺は設計士に親父がプロパン販売会社の創業者であることを説明した。設計士は納得したのか、

「息子さんの粘りは見事でした。数社から見積もりを取り、納入価格と交換機器のカタログも吟味され、一番パフォーマンスの高い会社と契約されました」

と説明してくれた。

親父は深くうなずき、俺の肩をぽんぽんと叩きながら言った。

「抜け目ないじゃないか」

親父はそう言うと、アパートに向かって歩いて行く。リフォーム会社の従業員が慌ててヘルメットを手渡している。親父の左足はいくぶん麻痺《まひ》が残っているものの、言われなければ分か

らないほどに回復していた。

落札し、残金納付をした当初、アパートは一四室中、六室しか入居していなかった。しかも六室のうち二室は滞納があり、問題のない入居人は四室のみだった。

本の著者は「入居率が悪ければ、上げればいいだけのこと。躯体に問題はないのですから、必要なリフォームをすればいい。十数年来付き合いのある設計士をご紹介します」と言ってくれた。

当初、なぜリフォームに設計士が必要なのか理解できなかったが、今となってはよく分かる。大規模修繕には様々な職種が必要となる。それも一つの部屋の中で工事が錯綜するため、工事を手順どおりにやらなければ、二度三度同じ工事をすることになりかねない。さらに、仕上げの状況を誰かが見ていなければ、ちぐはぐな仕上がりになるのだ。

見学を終え、自宅に向かう車内で親父は独り言のように言った。

「いい物を見せてもらった。わしもやる気が出た」

「何かやるの？」

「ん？　今度、裁判所に連れて行ってくれんか」

親父の顔は真顔。らんらんと光る、鋭い鷲のような目は笑っていた。

空室対策は初期と継続、売却時の三つの段階で考慮すべし

空室対策は初期と継続、そして売却時の三つの時期に分かれます。

まず、初期の段階は購入直後の空室対策です。値引く根拠になりますから、空室は悪いだけの物ではありません。満室の場合は購入者が多くなりますから大幅な値引きは見込めません。

そこで、物件を購入する際、なぜ空室になっているのか見極めなければ所有した後に困ることになります。

空室のNG原因は躯体の問題です。家が傾いている。柱がシロアリにより強度が不足している。雨漏りで入居できないなどなど、多額の補修費どころか、リフォーム自体が困難な物件を購入の対象としてはなりません。

また、部屋が狭すぎる。日当たりが全くない。進入路に目も眩むような階段があり、入居者が嫌がるなど、躯体に問題がないとしても解決不可能なトラブルを抱えている物件も外すべきです。

一方、アパートの敷地にゴミが散乱している。再リフォームをしておらず、部屋が汚い。設備の一部が時代遅れで入居希望者に嫌がられている。外装が汚れて、魅力に乏しい。アパートの名前が「○×荘」と、入居希望者の嫌がる名前など。費用をかければ、変わる物件の場合、

必要なリフォーム費用を考慮して購入の是非を考えれば良いのです。

何度も物件のリフォームに携わっていれば、どのくらいの費用がかかるのか、概算数値を出せるようになります。概算数値はプラスマイナス二〇％の範囲に入っていれば十分です。一万円単位で間違いのない数値を必要とするわけではありません。ただし、当初からそのような能力を持つことは不可能であるのは言うまでもありません。

リフォーム業者に物件明細書を見てもらい、もしくは現地調査をしてもらい、積算を依頼してください。また、リフォーム費用が五〇〇万円を超えるような場合はリフォーム業者だけでなく、設計士を別に雇用すべきです。各種工事が入り組み、リフォーム箇所も一室だけでなく複数になるならば、統一感と工事管理をしてもらいましょう。

設計士に払う費用が別にかかりますけれど、それは、工事日数の短縮や資機材の圧縮で捻出できます。何よりも大家さんの味方になってくれます。

次に継続。手間をかけないと貸家の空室率は徐々に上がって行きます。お金を掛ける前に物件に出向いてください。

敷地や階段そして廊下などの共用部は雑然としていないでしょうか。共同住宅の住民は共用部にまで関心を抱きません。廊下にゴミが落ちていても拾わないものです。ましてや敷地に雑草が生えていても引き抜きはしません。こうしたなんでもないことが出来ているのかどうか。その上で、空室対策のリフォーム計画を立てるべきです。

賃貸専門の仲介業者の意見も聞いてください。彼らは日々、入居希望者と接しています。一番近い方々ですので、彼らの意見にも耳を傾けて計画を練ることです。

そして、三番目の空室対策は売却時です。売却を決断するのは、お金に余裕がないからであることは重々理解しています。しかしながら、空室率が高いまま売却すると、購入希望者は少なく、大幅な値引きを要求されます。一番高く売却できるのは満室の時であるのはいつの時代でも同じこと。

売り急ぐと足元を見られ、磨き上げれば価値は真の価値以上に評価されます。満室に近づける努力をすべきです。

例えば、家賃を下げれば入居者が決まるなら、家賃を下げて入居率を上げ、収益物件サイトで売却するのが一番高く売れます。空室対策は時と場合により、その手法が変わることをご認識ください。

4章

不動産投資【禁断の掟】
「賃貸業拡大」5つのセオリー

◆不動産賃貸業者に嫌われると、あなたの貸家は消えてなくなる

ケーススタディ
16
【セミナー懇親会への参加】
仲間との交流を絶ってはならない

新宿三角ビルの貸し会議室で行われた「2012不動産投資セミナー」の懇親会、目の前には食べきれないほどの料理が並び、講師の方々が短いスピーチをしている。いずれも、本を何冊も出している有名な不動産投資の面々。耳を傾けていると、心に響く。

こんな私は六年前まで、どこにでもいる普通のサラリーマンだった。眠い目をこすりながら通勤電車に揺られ、最終電車で帰宅していた。一年が過ぎても生活に変化はなく、髪に白い物が増えるのを見つけるのが関の山。人見知りの私には、彼女さえいなかった。そんな時に出会ったのが古本屋で見つけた、兼業大家さんを薦める不動産投資本だった。

趣味のない私は隅から隅まで読み込み、新たな投資本を見つけては読破した。そして、ついに不動産投資に足を踏み入れたのだ。

競売なんて、怖くて出来なかった。

収益不動産サイトに掲載されている戸建物件に絞った。

どの投資本にも「安く購入するのが鍵」と書かれていた。そして、罵倒されても怒られても挫けるなとあった。どんなに激怒したとしても、電話の向こうからやってくることはない。電話を切ればそれで終わると、そのかすような文章も目に飛び込んできた。

「よしっ」自分なりの台本を作り、電話のダイヤルを回したあの場面は今も夢の中に出てくる。結果、「あんたね、バカにするんじゃないよ」と怒鳴られて終わった。

想像していたからだろうか、予想以上に傷つかなかった。むしろ、「こんなものか……」とあっけなささえ感じた。

あれから、六年。

当初は戸建に注力したが、その後物件が増えるに従い、資金力も付き築一五年を超える地方のアパートにシフトした。本で薦めるようにメインバンク作りに当初から着手したのが良かったのか、地方物件であっても融資をしてくれ、業容は順調に拡大している。

「それでは、皆々様の今後益々の発展を祈願し、乾杯！」

主催者の掛け声に懇親会出席者の面々はグラスを高々と上げる。私も遅れぬようグラスを手にしたものの、グラスの中は空《から》だった。対面に座る髭を蓄えた男性がビール瓶を片手に話しかけてきた。

「どうぞどうぞ……」

「す、すいません」

「いえいえ」

注がれるビールの泡を口で受け、ぐっと喉の奥に流し込む。髭を蓄えた男性は名刺を差し出しながら言った。

「富山です」

「あ、あの川口です」

富山は慌てて出した私の名刺を見ながら言った。

「群馬県が主戦場ですか」

「はい。競争が少ないから……、って言うか、最初の物件が高崎の郊外だったので、その近くの信金と取引し始めまして。流れでしょうか。富山さんはどこです?」

「北海道と千葉、それに東京ですかね」

「へぇ〜、分散していらっしゃるんですね」

「ははは、女房の地元とか、いろいろです。川口さんご結婚は?」

「いえ……、まだです」

どうして、同じ質問が来るのだろうか。人の顔を見ると「結婚したのか」「子供は何人だ」と判で押したように聞かれる。富山は私の表情を察したのか、話を変えた。

「貸家の構成はどうしています?」

「構成? ああ、戸建が八棟とアパートが二棟の二八戸です」

この質問は好きだ。借り入れ総額は六〇〇〇万ほど。一方の年間家賃総額は一五〇〇万円を超える。年間、自由に使える金額は六〇〇万円と、手取りの給与所得よりもずい分多い。それが原因なのか、この頃会社に行かなくてはならない平日が苦痛になっている。

私は富山に尋ねた。

「お仕事はされてるんですか?」

「ええ、実は警察官です」

意外な答えに腰を上げた。

「け、警察?　って、刑事さんですか」

「いえ、おまわりさんです。「こち亀」、ご存知ですか?　あのキャラクターで行くと大原部長です」

そう言われて見ると、富山の姿格好は、カミナリ親父の大原部長にそっくりだった。

「ま、また、どうして大家さんに?」

「父が亡くなり、ぼろぼろのアパートを相続したのがそもそもの始まりでした。それと、警察官は退職後に早死にする確率が高いから、退職してもできる仕事をしようかと。なにぶん凝り性でしてね、それで関連本を読んでいるうちに、不動産賃貸業にのめり込んだのかな」

「もう悠々自適《ゆうゆうじてき》なんですよね」

「お陰さまで。給与所得の二倍ほどでしょうか。家賃はそれ以上ありますけど」

私は擦れた声で尋ねた。

「辞めることは考えていませんか?　私はいつもどうしようか悩んでいます。暮らしていけるし、働くのが苦痛になっていて……」

富山は穏やかな笑顔を浮かべながら言った。

「辞めると行くとこがないから。それに、部下に両津巡査のような人間もいましてね。一緒にいると飽きないからかな……。知り合いに、何人か仕事を辞めた大家さんがいます。ただ、皆さん、しばらくすると何かしら働いているな」

「どうして、なぜでしょうか。家賃が入らなくなったとか、それが原因でしょうか」

「そう、確かに勤め先を辞めると、それ以上の拡大は難しくなるかもしれませんね。でも、それが大きな原因じゃないと思うな。大家さんって、付き合いが少ないでしょ。管理を不動産会社に任せていると、話しをするのは管理会社の担当者だけになりますから。お金があっても、何もすることがないと、〝孤独〟になるんじゃないのかな」

「孤独？」

「犯罪者って、生まれた時から犯罪者じゃない。当たり前ですよね。でもどこかで道を踏み外す。その多くの原因は〝孤独〟なんですよ。両親や友人、そして社会から見捨てられて、やむにやまれず犯罪に手を染める。孤独だからじゃないのかな……」

私は身じろぎもせず、富山を見つめた。

解説　大家さんは隠れキリシタン的存在。同士と交流し孤独から遠ざかれ！

兼業大家さんが一般的になった今も「大家さん」は日陰者です。給与所得に頼らず生活できる経済的独立を果たしても、職場で高らかに宣言することは自殺行為です。もしも、そんな暴挙に出たなら、冷たい視線にさらされるだけでしょう。

「大家さんは隠れキリシタンに似ている」

私はことあるごとにこう口にし、セミナーに参加された皆さんに対し、「よろしければ、隣の皆さんとアドレスの交換だけでも如何ですか?」と積極的に連絡を取るように促しています。

セミナー参加者の皆さんは、少なくとも大家さんに対して偏見はありません。規模の大小はともかく、大家さんを肯定的に捉えている方ばかりです。職場で話せないことを思う存分語り合う場は大家さんを拡大する際、必要不可欠の交流の場所となります。積極的にセミナーや勉強会に参加されることをお勧めいたします。

本編ストーリーの主題である「孤独」は私自身が経験したことです。

あれは、今から九年前、まだ「サラリーマンでも大家さんになれる46の秘訣」（実業之日本刊）を執筆する前のことでした。大家さんの基盤を作り終えた私は、日がな一日、家でごろごろしていました。

当時、四歳の長男はそんな私に不満を隠しませんでした。彼は透明な涎をたらたらと流しながら文句を口にしたのです。「パパはなんで家にいるの？　どうして働かないの？」唖然としました。彼が文句を口にした動機は自分の見たいテレビ番組を見られないから。それは理解していましたが、我が子が正々堂々反旗を翻す姿に驚いたのです。

私は翌日から、家をあとにして昔の同僚を訪ね歩きました。最初は「おお、藤山。元気か？」と歓待してくれました。ところが二順目になると「また、来たのか……」に変わり、三度訪ねると、「俺は仕事しているんだよ！」と拒否されたのです。

私は映画館に行き、舞台を見て回りました。ただ、二ヶ月もすると見たい作品がなくなります。そこで図書館に行き、片っ端から本を読み漁りました。これも、一ヶ月通い続けると、気になった本はなくなり、手持ち無沙汰。何も手につかなくなりました。


「生きている価値はあるのか？」

寂寥感に苛まれました。

社会と繋がりを持たない自分自身に意味を見失ったのです。

思いあぐねた私は人生で生まれて初めて小説を書こうと決意。原稿用紙四〇〇枚を超える長編ＳＦ経済小説「ＡＹＵ」を執筆しました。そして、実業之日本に勤務する友人に連絡を取り、見せました。友人の返事は「商品価値がない」の一言でした。

ただ、友人は「本を書いてくれ」という予想外の依頼を口にしたのです。

話を聞くと、不動産投資の本の執筆でした。

「書いてくれ」

「いや、もう書かん」

「そこをなんとか」

押し問答の末に出来たのが私の処女作「サラリーマンでも大家さんになれる46の秘訣」でした。

あれから、九年。今も私は本を出し続け、演壇に立っています。その最大の理由は社会と繋がり続けるためです。

どうか皆さん、本業はやめないでいただきたい。そして、もし本業を辞めたとしても、大家さんだけでなく、何か「仕事」をし続けていただきたい。それは社会のためというよりも、経済的独立を果たした皆さんのためです。

「男を殺すに刃物はいらぬ。仕事を奪えばそれでいい」

妙な都都逸に聞こえるかも知れませんが、これは真実に近い。そして、大家さんを目指した当初の目的を思い出していただきたい。

生活のための仕事ではなく、仕事のための仕事を為すため、財務基盤を強化できる兼業大家さんを選択したことを。

ケーススタディ 17

【投資地域の選択と集中】

投資地域を広範囲に広げてはならない

レンタカーを甲府駅前に返却して、腕時計を見る。日はとっぷりと暮れ、ロータリーの向こうに拡がる街並みにはネオンサインが煌いている。帰りの出発時刻まで一時間半、駅中で過ごすには長く思えた。

「やっぱ、あそこか……」

自然と足はいつもの店「甲府ほうとう鍋」の店に向かう。

暖簾をくぐると、馴染みの店の親父が「お帰りなさい」と声をかけてくる。軽く会釈をして、奥座敷に向かう。地酒とほうとう鍋、そして地鶏の串焼きを頼み、今日調べた資料を座卓の上に出す。

三ヶ月前に調査したときと、街は少し変わっていた。

今日調査した競売不動産は三件。戸建とソシアルビル、そして賃貸マンションだった。どれも、帯に短し襷に長し。積極的に入札しようという気にはなれなかった。

どうも、この頃「これは!」と思える物件に出会えない。目が肥えたからだろうか。それにしても時間と労力を使用して何も得る物がないと、心底疲れる。店員が持ってきた四合徳利の地酒をぐい飲みで煽る。

「これはまた、ひょんなところで。おばんです」

ふと横を見ると、見覚えのある顔。いったいどこで会ったのかすぐには思い出せない。

「武甲法律事務所の武田です」

「あ〜あ、武田さん」

武甲法律事務所とは三年前、任意売却物件でお世話になった。確か、武田は事務員か何か。白髪、武甲弁護士の横でちょこまかと動いていた。

「その節はお世話になりました」

「山城ハイツはその後、どうです？」

「八室中、七室稼動です。儲けさせていただいていますよ。武田さんは？」

「ほらっ。これ」

武田は胸に光輝く弁護士バッジをこれ見よがしに指差している。

「ほぉ……、頑張られましたね」

「苦節、一二年。先生から見捨てられる寸前に合格しました。今日も物件探しですか？」

武田は店の人間に「一緒につけて」と言いながら、座卓の対面に座る。昔から同じ仕草、弁護士になってもその様子は変わらない。私は調査資料を見せながら言った。

「駄目。戸建は空き家になってもう一年近く。合併浄化槽は匂いの『に』の字もしない。使用可能な状態にするには、排泄物を掘り起こして再稼動させないといけないし。それでも大丈夫かどうか。最悪、全とっかえの可能性もあるしね」

武田は戸建の調査資料を手に取りながら言った。

「しかし、細かい調査をしていますな。まるでプロですね」

「そりゃ、もう一〇年以上やっているから、初心者とは違うよ」

「他には？」

愚痴を口にしたからか、酒が入ったからか、気分は上向き始める。私は地鶏の串焼きを箸でほぐし、武田に薦めつつ口を開いた。

「二件目は武田通りの一本西に入ったソシアルビルなんだけど、四階から上は閉まっていた。周辺の店や不動産業者に聞いても、店を出そうなんて気概のある人間はいなそうだ。大規模修繕をしてもどう転ぶか分からない。更地にして売却したとしても、投下費用を回収できるかどうか微妙だね、この案件は一押し物件だったけど〝見《けん》〟にするしか仕方がないな」

「なるほど……。不況の波は夜の繁華街にも訪れているわけですな」

「そう。ところで、武田さんはどんな仕事をされているんですか？」

「変わりませんよ。倒産、破産、相続関係の任意整理です。弁護士事情も昔と様変わりですよ。資格を持ってるから食ってゆける時代じゃありません。もたもたしているうちに、世知辛い世の中になってしまいました。今日だって、自己破産申請を申し立てた依頼人の財産目録の調査です」

武田はタレがたっぷりとかかった地鶏を口に放り込みながら話す。ただ、話している内容は湿っぽいのに、どこか楽しげだった。武田は生ビールをぐっと飲み干すと、興味深そうに聞いてきた。

「大家さんの秘訣は何ですか?」

「投資地域の選択と集中かな。私は東京の八王子と甲府、この二箇所に絞ってる。他に良さそうな物件があっても投資はしない。不動産って、川一本、道路一本、ほんの二百メートル離れているだけで賃貸需要は変わってくる。入居率とは怖いものでね。入居率五〇%の場所で、満室物件を作るのは本当に難しい。だから、購入を決める際には物件から三〇〇メートルの賃貸物件の入居率は徹底的に調査する。そして、基準に合わない物件は絶対に購入しない。この覚悟かな」

「そっか……。山城さんはあの時も粘りましたね」

「ははは、そりゃそうですよ。購入する直前までは撤退の自由がありますけど、購入した途端、全ての責任は自己責任ですからね。そう言えば、最後に調査した賃貸マンションは変な物件だったな」

武田は身を乗り出しながら尋ねた。

「賃貸マンション? それって、どこです?」

「山の手通り沿いの七階建て賃貸マンションですよ」

「何が変だったんですか?」

「持分売却の物件でしてね。建物と土地、それぞれ二分の一売却だから〝見《けん》〟に決めていたんだけど。どんな入居率か現地調査をしたわけですよ。二五室中、一九室稼動となかなか高い。それに、周辺の入居率も九五％と、ほぼ満室に近い」

「それって、元紺屋町の〝グランド愛宕〟じゃありませんか？」

「え、ご存知なんですか？」

「ご存知も何も、今扱っている物件ですよ。所有権は旦那と奥さんの二分の一ずつでしょ。彼らは三年前から離婚訴訟していましてね。物件を担保に金を借りた旦那は会社を倒産させて彼の持分は競売にかけられました。奥さんもこれまた、問題がありまして、浮気が本気になって二〇歳以上年下の男の言うまま金を借りまくって遂に自己破産申請の申し立てですよ。家賃は双方の金融機関に差し押さえられて一銭も入りませんから」

店員がほうとう鍋を手に「お待ちどうさまでした」と奥座敷に入ってくる。私は武田にぐい飲みを差し出しながら言った。

「武田さん、詳しくお聞かせ願えませんか。その物件、条件が合えば買います」

武田は抜け目のない表情を見せている。

解説 儲ける秘訣は身びいき。不動産賃貸仲介業者、修繕業者の能力を最大限に引き出せ！

投資地域を広範囲に拡げるメリットはありません。

仮に四七都道府県に一つずつマンションの一室を所有したとしても、地元の不動産仲介業者にとっては一軒大家さんに過ぎません。

また、修繕業者にしても、いつお呼びがくるのか定かでない一般消費者と同様の扱いですから、迅速なクレーム処理を期待できません。結果として、誰からも身びいきされることはなく、規模のメリットを享受できないのです。

効率的な貸家の運用をするには、不動産賃貸業者や修繕業者から特別扱いをされ、あうんの呼吸でサービスを受けられる地位を獲得しなければなりません。

ある一定の規模、例えば月額家賃が五〇万円前後になるまで、その地域に集中投資するべきです。

人の記憶は無限ではありません。新しい知識が入ると、古い知識は隅に追いやられ、思い出すのが困難になるのは誰しも経験されていることでしょう。不動産賃貸業者や修繕業者にとっても同じです。

「誰だったかな？」こうした認識しかなければ、入居者が退去したとしても内見されず、クレームがあっても後回しになります。五〇位以内に入る努力をするべきです。

仕事をしている人間は数多くの取引先を抱えていますが、殆どの仕事は上位五〇人もしくは上位五〇社の中で済ませています。この中から漏れると、その他大勢に紛れ込むことになるのです。

投資地域を絞り込めば、詳細な情報を得る努力は無駄になりません。特に地方は県道や国道、そして橋を渡るかどうかで賃貸需要がガラリと変わるものです。一見すると同じ街並みに見えるのに賃貸需要は変貌してしまいます。市区町村ではなく何丁目単位で賃貸需要を認識するべきです。

また、投資地域を絞ると専門職の人々と触れ合う機会も増えてきます。中でも弁護士は要となります。

地域に根ざした弁護士の下には通常お目にかかれない案件が山のように集まります。倒産、破産、整理、離婚、相続といった案件の裏には財産整理が表裏一体でついてきます。彼らにとっては当たり前のことでも、投資家にとっては垂涎の的になる案件がかなりの確率で紛れ込んでいます。

彼らと知己になり、掘り出し物の物件を見つける努力をなさってください。

とは言え、安ければなんでもいいのかというと、そうではありません。

特徴的な五つのＮＧ案件を申し上げます。

①持分売却物件：所有権の二分の一、もしくは三分の一のみ売却される案件です。落札しても完全に使用できません。
②敷地使用の権原のない建物のみの売却：親族の敷地に無料で建設した建物などです。敷地所有者の申し立てにより、建物を取壊し更地にして返却しなければなりません。
③建物収去命令の確定した物件：地代の滞納により借地契約が解除され、建物を取り壊して更地にして地主に返却することが確定した物件です。
④袋地の物件：公道に至る通路が第三者の所有であり、通行する権利のない物件です。
⑤マンションの管理組合が滞納管理費支払い訴訟を起こしている案件：通常、滞納管理費の買受人の負担上限は月額管理費などの六〇ヶ月分ですけれど、様々な要因により、それ以上の負担が確定している案件、投資総額を吟味する必要があります。

NG物件を掴まないポイントは、よく分からない物件に手を出さないことです。

ケーススタディ
18

【相続対策と節税対策】
税金対策を目的に投資をやってはならない

溶かした生クリームのような霧が目の前に拡がっている。八月の朝霧カントリー倶楽部は時として濃霧に見舞われる。アイアンの五番を軽く打ち、カートを引いて歩く。前方から親父の声がした。

「真二ぃいいい、打つぞぉおお」

「どうぞ」

間髪を入れず、「パッシ」と鋭い打球音が響く。七〇をいくつか超えたはずなのに、親父は若い頃と変わらない。せっかちでいながら、その動作には迷うところがない。追いつこうと少し急ぐ。霧の向こうにぼんやりとした黒い影。ただ、ものの数秒で掻き消えてゆく。

昼を過ぎ、クラブハウスで昼食を向かい合わせで摂る。親父は分厚いティーボンステーキセット、彼は笑いながら言った。

「ははは、掛け蕎麦か。お前、そんなんで腹は持つのか?」

「来年は五〇歳ですから……」

「おい、そんなことでどうする。人生、食ってなんぼだ」

「かなわないな。ところで、綾子さんはお元気ですか」

私は今日の本題にそろりと近づく。親父は気にも留めず、闊達に続けた。

「来年にはお前の兄弟が増える。女の子だ」

「そう、ですか。五〇下の妹か。大変だな」

親父はティーボンステーキを切る手を止め、顔を上げた。

「怒ってないのか?」

「なんで? 母さんが死んでもう二〇年でしょ。父さんの人生だし、怒るも何も……」

当初、反対はした。古希を迎えた七〇過ぎの老人と一緒になる女性を理解しろと言う方が無理というものだ。ただ、親父の秘書を勤め続けた綾子を目にして、その考えを変えた。傍若無人、独断専行、独りよがり。親父を評する言葉はどれも、きつい物ばかりだ。その親父に一五年の間、仕え続けるのは並大抵のことではない。私は努めて冷静さを装い彼女と会った。

驚いたことに、彼女は親父を心の底から信頼し、共に生きていきたいと考えていた。

「結婚しなくてもいいんです。お傍にいたい、ただそれだけです」

言葉少なくそう口にした彼女に感動した。

その彼女から先日電話があった。親父が相続対策として巨大な賃貸マンションを建設する計画を進めているという。彼女は五億を超える借り入れをしても本当に大丈夫なのか心配していた。私は親父が創業した会社の役員でも何でもない。公認会計士をしながら大家さんとして暮らしている。彼女は私に鑑定してもらいたいと膨大な資料を送ってよこしていた。

親父はもくもくとティーボンステーキを口にし、頑丈な顎で咀嚼し続けている。一方の私は蕎麦つゆに少量の蕎麦を軽く浸し、音を立てずにすする。静かな時間が流れてゆく。親父は最後の一切れを飲み下すと、ナプキンで口を拭きながら言った。

「わしも、もう七四だ……」

「四ですか。三だとばかり。それが何か？」

「いつまでも生きてるわけじゃない」

「父さんらしくありませんね。何か病気でも見つかりました？」

「いや、すこぶる元気だ。健康診断もオールクリアー。体力は四十台前半らしい」

そう口にした親父は胸を張る。私は煽るように言った。

「だったら、いいじゃありませんか。子供も生まれるんだし、仕事も頑張ってください」

「真二、そう簡単じゃない。友達が次々に死んでゆく。半年前に専務が死んだ。そして二ヶ月前には親友の友田が逝った。死ぬ二日前にはここで一緒にゴルフをした。脳溢血だった」

「それで？」

そう口にした私は、少し焦る。公認会計士という仕事柄、依頼人に話をさせようと、時として勘に触る物言いをする。依頼人は冷めた物言いに対し、むきになってぺらぺらと喋ってくる。まるで、自己弁護をするように。ただ、親父には逆効果であることは先刻承知だ。無言を続ける親父が席を立つのではないかと心配になる。謝罪の言葉を口にしようとしたその時、親父はぽつぽつと口を開いた。

「相談があるんだ。お前の得意分野だから、意見を聞かせて欲しい。実はな、賃貸マンションを建てようと思っている。1LDK、RC造七階建て、四〇戸のマンションだ。場所は富士宮駅から徒歩二〇分の場所、以前倉庫に使用していた場所だ」

「目的は何です？」

「相続対策だ。綾子に会社の株は相続しない。あれは財産目当てじゃないからな。それはお前も知っての通りだ」

「会社は義之に譲るんでしょ」

「ああ、あいつもしっかりして来た。長男のお前の助言もあるがな」

親父と性格の合わない私は早くから相続は受けないと宣言している。会社は次男の義之が引き継ぐことになっていた。

「利回りはどのくらいですか？」

「利回り？」

「言い方を変えます。いくら借り入れて、年間いくら入るんですか」

「借り入れは諸経費込めて五億だ。一室八万円の賃料だから、いくらになるかな……」

親父は話を盛らないまま数字を口にした。私はゆっくりと話した。

「一ヶ月の受取家賃は三二〇万、年間三八四〇万、表面利回りは七・六八％です。それで、借り入れ金利と返済期間は？」

「三・五％、三〇年返済だ」

「三〇年？　よく金融機関が納得しましたね」

親父は視線を外しながら口にした。

「綾子と会社が連帯保証人になる。もう七四だからな……。仕方がないんだ」

「会社も？」

会社が連帯保証人になるとは聞いていなかった。五億の借り入れを七四歳の老人がどうして出来るのか、そこが分からなかった。だが、この一言で全ての構図を理解した。私は手を挙げボーイを呼び止めた。

「申し訳ない。紙とボールペン、それから計算機を持ってきてくれないか」

午後のラウンドなんてどうでもいい。これはなんとしても阻止しなければならない。

解説　節税対策や相続対策を持ちかけてくる営業マンの真の動機を見据えよ！

〝新築はいい〟、よく聞く言葉です。確かに新築物件の多くは真新しい設備に見栄えの良い内装、入居者に喜ばれます。ただ、新築物件の購入者は当たり前の事実を見ないのか、気づいていないのか、五年経っても一〇年経っても「新築はいい」と口にします。しかしながら、新築物件も五年経てば築五年、一〇年経てば築一〇年の中古物件です。

そこに相続税対策や節税対策という枕言葉がつくと、不動産投資は別の顔を見せます。今も全国紙の広告欄に掲載されている節税対策の投資用賃貸マンション。実際の投資家から見ると、一瞥しただけで鼻もひっかけない内容なのに、絶滅しません。なぜなら、こうした広告に引き寄せられる一般消費者があとを絶たないからです。営業マンは節税対策とともに競売不動産や中古不動産の選択肢を潰すトークを繰り広げています。

「皆さん、おいしい話はない！　利回り一〇％を超える物件なんて嘘です。実態は補修費に追われて、リフォーム貧乏になるか、入居者が決まらないで管理費ばかり払うはめになります。やっぱり、新築です。皆さんだってそうでしょ。汚い中古に住むか、綺麗な新築に住むか、どちらにする？　って聞かれたら……。ですよね。貸家派の皆さんも同様です。入居者を見つけるのが不安？　大丈夫。私どもにお任せください。月々一万五千円、一日たった、五百円のご負担だけで、マンション経営できるんです。皆さんが定年退職されたあとは、家賃丸々入ってきますから、不安な年金も超安心」

どうです？

一読すると、納得してしまう危険性を感じないでしょうか。特に新築信仰に染まった消費者にとっては救いの糸に見えることでしょう。なぜなら、自らの不安「競売は怖い」とか「中古はどうも」と言った主張を裏付けるトークをしてくれるのですから、話してくれる会社を信じたいと思ってしまいます。

ただし、彼らの真の動機を知ると、がっかりなさるでしょう。彼らの真の動機は皆さんの老後を心配してのことではありません。「投資マンションを売りつけ、儲けたい」ただ、それだけのこと。それ以上でもそれ以下でもありません。

選択肢は皆さんの手の中にあります。強制されて署名捺印するのではありません。決断して購入するのですから、他人の責任にしてはなりません。不動産投資は何のためにするのか。その一点に絞ってください。皆さんの財布の中にお金を入れてくれる不動産でなければ購入する価値はない。この信念を揺ぎなくお持ちください。

さて、誰もが毎年一年歳を取ります。いつまでもこの世にいるわけにはいきません。功成り名を遂げた方々が心配なさるのは自らが死んだ後のこと。ここに忍び寄るのが相続税対策の不動産投資です。彼らは主張します。

「建物の価値は建てるだけで評価額は半減、それに土地の価値も下がります」

確かにその通り。建物の価値は建設費ではなく実物評価され、現金で持っているよりも減額されます。そして土地の評価額も自由に使用できなくなるので下がります。

「問題ないでしょ。いいじゃない」

借り入れをしなければ、それで構いません。ところが、この相続税対策投資の実態はプランを提示した恩を逆手にして、高い建設費を承諾させ、借り入れを強要します。しかも、共同担保で他の財産にも抵当権を設定し、リスクヘッジするのです。

結果、どうなるか。予定通りに埋まらない入居者、返済は滞り競売に伏されてしまいます。節税対策や相続対策を持ちかけてくる営業マンの真の動機を見据えなければなりません。

ケーススタディ

19

【物件の売却】

安易に売却益を貪ってはいけない

助手席の妻の髪がそよいでいる。その先には青い海が拡がり、沖には数枚のウィンドーサーフィンの帆がはためいている。付けっぱなしのカーラジオからチューブの「夏だね」が途切れ途切れに聞こえる。

妻は髪に手をやりながら言った。

「喜んでたね」

ほんの少し前まで、私たちは沖縄銀行本店の会議室にいた。仕事柄、沖縄県庁にはよく足を運んでいたが、通りを挟んだ向かい側にある沖縄銀行本店に顔を出したことはなかった。私と妻は約束の時間のかなり前につき、ロビーで待っていた。そこに現れたのは陽気な一団、資料を片手に談笑していた。

「最初さ、あの人たちが買うなんて思ってもなかった」

「ほんとだな。『なんだろ？』って話してたもんな」

彼らが私たちの土地の購入相手だと知ったのは、沖縄開発商事の社長が現れてからだった。

陽気な一団は設計士と先方の不動産仲介業者、そして工事を請け負う会社の担当者。偶然にも幼馴染で昔話に花が咲いていたそうだ。

妻は寂しそうに言った。

「売っちゃったんだな……」

「どうした？　売りたくなかったのかい」

「ううん。ただ、なんか変っていうか。まだ現実感が湧かない。あなた、苦労したもの」

「でも、三二〇〇万円になった」

「凄いよね。あの人たちどうすんだろ？」

「アパート建てて、人に貸すんだ。内地の人専門にね」

少し先に行きつけのレストランの看板、巨大なパイナップルが見える。私は、「お腹すかない？」と妻に声をかけ、海沿いのレストランの専用駐車場にクルマを停めた。妻は「よしっ」と掛け声をかけクルマの扉を閉めると、私に駆け寄りながら言った。

「おめでと」

「な、なんだい急に」

「だって、やったじゃない」

妻は「なぁ〜に食べようかな……」と呟きながらレストランに歩いて行く。私は妻の背中を見つめながら、侘しさとともに少しばかりの達成感を覚えていた。

私は石垣島の高校を出て、沖縄本島の空調設備会社に就職した。常夏の沖縄は空調設備会社が異様に多い。競争は激烈で、ダンピングは当たり前、勢い仕事は立て込んでいるのに、従業員の待遇は良くはない。

沖縄経済は表面上の華やかさと違いずっと悪い。米軍基地がどうのこうのじゃなく、産業が育っていない。開発型の商品が生産されることはなく、農業・漁業の一次産業と観光そして米軍基地が沖縄経済を支え、その構造は今後も変わらないだろう。

そんな私が自衛策のために取り組んだのは競売不動産だった。競売で落札しては人に貸し、家賃を積み立てて次の物件を落札。これを延々と繰り返し、今では給与所得に匹敵するほどのキャッシュフローを得るまでになった。

一年半前、敷地権に問題のある中古戸建建物を特別売却で落札した。落札金額は七二〇万円、敷地の面積は三〇〇坪、ただ、持分は三分の二だった。通常通りに使用されている戸建物件だったので、リフォームをして私以外の敷地所有者と話し合えば、建物を賃貸に出せると判断したのだ。

だが、そうは問屋が卸してくれなかった。建物の基礎はいい加減で、不等沈下があちこちで見つかり、主要な柱はシロアリに食い荒らされていた。リフォームのような規模では再生不可能であることを知った。

妻に遅れてレストランに入ると、彼女は青い海がよく見える窓辺で手招きをしている。窓枠はキャンバスのように景色を切り取り、微笑む妻は絵画の主人公のよう。私の口元は自然と緩む。

　胸元の携帯が振動する。相手先は沖縄開発商事の社長だった。

「もしもし、脇坂です」

「ああ、沖縄開発の寺元です。今日はご苦労様でした……」

私は携帯で話しながらテーブルに近づく。妻は「誰？　会社？」と聞いてきた。私は携帯を手で押さえながら、「仲介の社長」と答え、腰を下ろす。

寺元は言葉を続けた。

「いやね。那覇タイムスの購入者の方がさ、竣工式のあとのパーティに脇坂さんご夫妻をお招きしたいって、言ってきてるんだけど。どうします？」

「パーティ？　私たちをですか」

どこまで陽気な人たちなのだろうか。私は即答を控え、「あとで相談して連絡してもよろしいでしょうか」と言って電話を切る。

妻は「パーティって何？」と食いついてきた。

「土地買った人が、竣工式のあとでパーティするから出席しないかって」

「へぇ～、行こうか。ただなんでしょ」

気分の入れ替えの早い妻は、先ほどとは一変していた。そして、妻は意外なことを口にした。

「さっきはごめん。あのさ、ちょっと落ち込んだのは、あの土地、すっごい苦労したじゃない。

家を取り壊して、敷地権の三分の一を持ってるお爺さんと調停までして、合意条件をまとめて、道路まで作って。物凄い苦労の連続だったじゃない。

分かるよ、全部理解してる。新築だと、借金しないといけないから、現金化して次の物件を買う方がいいのは。でも、那覇タイムスの人は笑ってたじゃない。あれ見てたら、なんだか悔しくなった。これで終わるのか。もう、あの土地で泣いたり笑ったり、心配したりするのってなくなるのか……、って」

妻の目は充血し、その眦には透明な液体がこんもりと膨らんでいる。私はハンカチーフを差し出しながら言った。

「ありがとな。君だけだよ。そこまで考えてくれるのは。だからなんだ。君に心配かけたくない。ずっと一緒に笑って暮らしていたい。残念ながら、今の会社がずっと存続するとは思えない。事実、前の会社は倒産したからね。給料だって、ばんばん上がるとは思えない。遅配だってあるかもしれない。だからなんだ。家賃を稼いでくれる貸家を増やしているのは。今回の土地は、価値があっても家賃を稼いでくれるわけじゃない。私の属性は良くないから、那覇タイムスの彼みたいに融資を受けるのは困難だと思う。僕らには僕らの方法があって、それでいい。そう思うんだ」

妻はハンカチーフで目元を押さえながら微笑んでいた。

解説

金を生まない不動産は現金化せよ。短期に利益を上げる売却も排除するな！

不動産投資は運用だけではありません。確実に売却という選択肢が存在します。ただ、不動産業者のように「仕入れて売る」を一般人が繰り返していると、宅建業法違反に問われる恐れがあります。

一年に何度売り買いをすると、罪に問われるのか明確な基準はありません。しかしながら、一年に五回、六回繰り返すと警告されます。宅建業法による規制は消費者保護の観点から制定されています。売買を繰り返すならば、国土交通省もしくは都道府県庁に届け出て、法律に従い営業してもらいたいというのが法律の趣旨です。

一方、財産権で保護されているので、所有する不動産を売却するのは当人の自由です。ただし、不動産の譲渡益については所得税と住民税がかかり、その税率は所有期間五年で区分されています。

しかしながら、所有期間五年の計算方法は一般常識と異なっているので注意が必要です。売却した年の一月一日現在で所有期間が五年を超えている場合は長期譲渡所得になり、五年以下の場合は短期譲渡所得になるのです。

例えば、一二月一〇日に売却したとしましょう。最初に購入したのは五年前の一二月一日だとしたら、所有期間は五年と九日になるのですが、基準日はその年の一月一日現在です。すると、所有期間は四年と三〇日なので、所有期間は五年未満となり、短期譲渡所得に分類されてしまいます。

短期譲渡所得の税率は三九％（所得税三〇％＋住民税九％）に対し、長期譲渡所得の税率は二〇％（所得税一五％＋住民税五％）であり、一九％の差が出ます。売却期間が五年前後で微妙な際は、よく確かめる必要があります。

それから、短期譲渡所得や長期譲渡所得の税金納付期限は取引のあった翌年の四月末と定められています。一二月一〇日に売却した場合、納付日は翌年の四月末ですから四ヶ月二一日後になります。

ところが、一ヵ月後の一月一〇日に売却すると、税金納付日は翌年の四月末ですから一五ヶ月二一日後と、一一ヶ月先になります。取引が年末にかかる場合、引渡し日を後ろにずらすことも考慮すべきでしょう。

また、不動産投資には個々人の性格がよく出ます。例えば、面倒が嫌いな方は競売不動産なんて見向きもしません。運用予定の金額で買えるなら、利回りが若干低くても構わないと考える人も存在します。彼らは、一般市場で投資用物件を探し、重要事項説明書でリスクをしっかり確かめて物件を選択します。

こうした方々を対象に、正常化させた不動産を売却し譲渡益を上げる投資手法も存在します。

アパートや賃貸マンションを競売で落札して、入居率を上げて売却する手法もありますが、投下資金と時間の面で初心者には困難でしょう。

ところが、不動産投資物件は大物ばかりではありません。戸建であっても立派な不動産投資物件です。

一五〇万円で落札し、諸経費とリフォーム費で一〇〇万円かけ、総投資額二五〇万円の投資をしたとしましょう。店子さんを吟味して月額六万円で入居したあとは、不動産投資連合体や楽待、もしくは健美家といった不動産収益サイトに広告を掲載している不動産業者に連絡して売却を依頼します。

戸建の入居戸数は当然ながら一戸。ただ、既に入居しているなら、一分の一の満室物件になります。表面利回り一〇%なら、売値は七二〇万円（計算式：六万円×一二ヶ月÷一〇%）、表面利回り一五%なら、売値は四八〇万円（計算式：六万円×一二ヶ月÷一五%）となります。一回の取引としてみれば、十分に満足のいく利益を期待できるのです。

ケーススタディ 20

【主役は入居者】大家さんは黒子に徹しなければならない

年の瀬を迎えた山口県萩、私の両親が生まれ育った城下町をクルマで走る。目的は藤山家代々の墓参り、今年で二五年目になる。時には、現金が不足して今年は見送ろうかと思うような年もあったが、なんとか続けている。

私は宇部空港で借りたレンタカーのハンドルを左に回し、いつも訪れるファミリーレストランの駐車場に入る。寝入った家族を気遣い、静かにハンドブレーキを引く。

とその時、妻の携帯が鳴った。

「はい、もしもし藤山です」

寝入っていたはずなのに、妻はすぐに携帯で話し始めた。子供たちもそろそろ起き出し、辺りを見回している。妻は不動産賃貸仲介業者の話に会わせながら、笑い。そして感謝の言葉を口にしていた。

大家さんを始めて、一九年目になる。

投資地域は東京の足立区と江東区、千葉の木更津、北海道の苫小牧、札幌、小樽、福井県のあわら市と福井市、そして京都府の東舞鶴、五都道府県に九市区町村。思えば、予想以上に拡大した。

ただ、拠点としては首都圏、北海道、そして北陸の三拠点に絞っている。

そして、その全てをハンドリングしているのは妻一人。私はトラブルバスターとして妻からのSOSに対応しているだけだ。

「秘訣はなんですか？」

読者の皆さんからよくこうした質問をされる。

〝秘訣〟、何の秘訣か漠然とした質問に当初は何を話せばいいのか分からなかった。ただ、多くの質問者は不動産仲介業者との関係に困っていることを知った。

「あの人たちって、いいかげんでしょ。あの人たちの言うことを聞いていたら、お金がいくらあっても足りないし、かといって邪険にできないじゃないですか。藤山先生はどういうふうにお付き合いしているんですか？」

「そうですね。不動産所有者だという立場から話さないことでしょ。彼らの立場から考えてみることが必要じゃないでしょうか」

「はぁ……、そういうものですか」

一言の説明で納得する質問者はいない。私は可能な限り、言葉を尽くして説明するようにしている。なぜなら、不動産賃貸業を拡大するためには関係する業者との良好な付き合いが欠かせないからだ。彼らに嫌われると、どんなに優良な賃貸不動産を所有していたとしても経営は上手くいかない。

「例えば、威張った大家さんがいたとします。物件は凄く綺麗で、いい場所にあって、設備も問題ない。家賃は相場と同等か少し高いくらいですけど、問題になるような値段じゃない。どうなると思います？」

「そこそこやっていけるんじゃないでしょうか？」

「ところが、そうはならない。一年ごとに入居率は下がり、手間を掛けられなくなって、薄汚れ、売却することになる可能性が高い」

「えっ、どうして？」

予想外の答えに、多くの質問者は懐疑的な表情をされます。事実、多くの質問者から入居率の低さをどうすればいいのか質問を受けます。私が、まず質問するのは、不動産仲介業者の会社名と担当者の名前を何人知っているかです。

「えっ、それってすぐには思い出せません」

「まず、そこから直していきませんか。あなたが知らないということは、先方も知らない可能性が高い。それで、どうしてあなたの物件をいの一番に紹介してくれるでしょう」

この辺りから質問者の表情は真剣になってくださいます。どんなに、情報社会になったとしても、最後の最後は「人と人」、この事実が変わることはありません。

入居希望者と最初に会うのは不動産賃貸仲介業者です。彼らは、路面店を維持し、広告費をかけ、入居希望者を店内に呼び込み、彼らの希望を聞きだします。そして、紹介できる賃貸住宅を思い浮かべ、内見ルートを決めて、土曜日や日曜日に営業者で案内します。その結果、受け取るのは入居希望者と家主から一か月分の家賃です。

これほど多くの時間と労力をかける彼らの立場に立てば、「感謝」の気持ちを持っても不思議ではないでしょう。なぜなら、貸家に入居する店子さんの平均月数は五四ヶ月です。

仮に一〇万円の家賃だとしたら総額五四〇万円の物件を販売してくれるわけです。その報酬は家賃一か月分ですから一〇万円、わずか、一・八五一%。二%に満たない金額です。貸家を探す入居希望者は不動産賃貸仲介業者から見ると、財産です。それも多くの時間とお金をかけて築いていています。

入居希望者にどの賃貸物件を紹介するのか、それは業者の判断にかかっているという事実を軽く考えてはなりません。

「ということは、管理を任せろってこと?」

そう、一足飛びに考える必要はありません。藤山家で管理を任せているのは、北海道と北陸地区といった遠方の不動産のみ。千葉と東京の不動産は管理物件にしていません。一つ一つの不動産仲介業者に連絡を取り、営業マンの方々と話しています。時には彼らの相談に乗り、店子さんからクレームがあれば、全力で対処します。「一緒に仕事をする仲間」という感覚があれば、彼らの心に届きます。

その根拠は、大家さんは「たまたま賃貸不動産を所有しているに過ぎない」と思うことです。

「わかんないな」

不動産の真の所有者は国家です。所有者は固定資産税や都市計画税などの年税を支払っているからこそ、その所有を認められているに過ぎません。もし、二年間、年税を払わなければ差し押さえられ、三年目には公売に掛けられます。

所有しているだけでは年税を徴収されるお荷物になるのが不動産の裏の顔であることを忘れてはなりません。

クルマから最後に降りた妻は携帯を閉じながら言った。

「ネオシティー二〇二号室、決まるかもよ」

「そうか。ご苦労さん、宮内さんか」

「そう。何か送っていい？」

「ああ、喜んでもらえるものがいいな」

客商売の中で育った妻は笑顔でそう口にした。私は子供たちに、妻のお陰で藤山家の生活基盤は成り立っていることを説明し、レストランに入る。妻は「えへん！」と得意顔をしている。

裏方に徹するのは、何も不動産賃貸業だけではない。家族の中も人と人、相手を思いやる気持ちはどこでも大切な心構えです。

解説

不動産賃貸業者に嫌われると、あなたの貸家は消えてなくなる

持ちなれない財産を持つと、気が大きくなるのでしょうか。時に、信じられない大家さんの噂を耳にします。

「あんたら、俺のアパートを紹介するからお金になるんだろうが、俺はあんたらにとって何だ！　お客さんだろ？　内見したら、その報告をするのが当たり前じゃないの？　見せてくれって時には下手に出てさ、何も報告がないのはどうしたわけよ。そんなことで世の中渡ってゆけるほど、甘くはないんだよ。あいつ、あの担当者、中川じゃなかった、中なんとか、あいつにはもう電話を掛けて来させないで」

「申し訳ありません。よく言って聞かせます」

不動産仲介業者の上司は仕事ですから、大家さんに口答えなんかしません。ただ、彼の立場に立つとどういった光景になるでしょうか。気遣いに欠けた部下かもしれません。一〇〇％正しいと言えないのは分かっています。ただ、付き合いは部下との間の方が濃いもの。彼らがいるからこそ、上司として君臨できるのです。

私が上司なら、クレームを受けた部下を呼び、事の次第を聞き終えたあと慰めの言葉をかけることでしょう。

「ま、いろいろな大家さんもいるもんだ。災難だったな。悪い人じゃないんだけど、口うるさいからな。これに懲りずに頑張ってくれ」

貸家は星の数とは申しませんが、かなりの数存在します。誰しも気持ちよく仕事をしたいのは人情です。何かあると、マシンガンのように文句を口にする大家さんと仕事はしたくないのです。

一方、入居率の良い大家さんは、いたって腰が低い。「お陰様、お陰様」を口癖にして、不動産仲介業者の心遣いを欠かしません。

よく知っている大家さんは一ヶ月に一度、周辺の不動産仲介業者に手土産を持って挨拶をしています。

ある不動産仲介業者には第一火曜日の午前中、他の不動産仲介業者には第二火曜日の午前中というふうに半ドンの午前中に挨拶をしています。そして、時にはお昼を支店長と共にして雑談をして帰ります。仕事の話なんてほんのわずかです。不動産仲介業者の立場に立つと、こうした大家さんの存在は一際輝いて見えます。自分たちと同じ目線まで降りて来てくれるのですから、憎いと思うはずはありません。

どちらを押そうかと迷うとき、「やっぱ、あの人の物件だよな」となるものです。

また、こうした、心遣いのできる大家さんは不動産仲介業者だけに評判が良いわけではありません。クレームに対応してくれるリフォーム業者、そしていざというときに、資金の融通をしてくれるメインバンクの担当者に対しても同様です。住んでいる場所から近い場所に貸家があったとしても、修繕を大家さんができるものではありません。やはり、餅は餅屋。排水の詰まりがあれば、水道業者に頼むのです。

そうした時に、知り合いが困っていれば、夕食時であろうとも、直ぐに出向いてくれるもの。知り合いとはそうしたものです。

メインバンクにしても同じと考えてください。物件を購入するときにだけ、足しげく通うのではなく、確定申告をしたなら、資金の借り入れがなくても前年の説明を融資担当者にするくらいの時間を持ちたいものです。

融資担当者の立場に立ってください。彼らには皆さんの不動産賃貸業は手に取るように分かりますから、何かあれば手を貸したいと考えてくれます。

人は一人で生きるほど強くありません。多くの人に生かされている。そう思もえるなら、黒子に徹するのもやぶさかではないでしょう。

5章

不動産投資【禁断の掟】
「安定化」させる5つのセオリー

◆何も手を打たなければ、あなたの子供は不良債権になる

ケーススタディ21

【維持と変化】大規模修繕費用を忘れてはいけない

答えを出せぬまま自宅前にクルマを停め、リモコンのスイッチ押す。地下駐車場には妻の赤いワーゲンの他に今時はやりのプリウスが駐車していた。私はクルマをバックさせ、右端の駐車スペースに何とか停めた。インターフォンから妻の声が聞こえた。

「お帰りなさい。敏子が来てるわよ、孫の俊樹も一緒」

駐車場脇のホームエレベーターに乗り、二階上のリビングに行く。妻と娘の敏子はシャンパンクーラーの周りに切り分けたチーズの皿を並べ、一杯やっている。その横には義理の息子が二歳になったばかりの俊樹をあやしている。私は会釈をすると、スーツケースを開き図面を開く。今一度考えを整理したかった。

今日打ち合わせをした先は、二件だった。

最初は新宿にある不動産仲介業者で柏市にある賃貸マンションの購入希望者と会った。売値は強気の二億五千万円だ。平均家賃六万円の2DK、四〇戸、RC造五階建て、柏駅から徒歩一五分の距離にあり、現状八〇%の入居率と多少苦戦しているものの、現状でも二三〇〇万円の家賃を稼ぎ出している。満室になれば二八八〇万円、表面利回りは一一・五二%なので悪い数字ではない。

ところが、買主の希望購入額は一億六千万円とかなりかけ離れていた。一〇年前ならすぐに席を立った。だが、六五歳を過ぎ、もう先が見えた今となっては多少の差額は仕方がないのかと思う。

買主の言い分はこうだった。

「柏市の人口動向はこの先明るいとは申せません。しかしながら、駅に近く日当たりも良好なので、立地としては申し分ないと思います。ただ、入居率の平均は今がピークでしょう。入居率は六五％と見るのが妥当ではないかと。それに家賃は五万五千円になるように思います。以上の点から申しますと……」

彼の言い分は最に思えた。こちらだって、大家さん三〇年の大ベテランだ。私の経歴を知っている不動産仲介業者は話の途中で「もうその辺りで……」と抑えてくれたが、私は若い彼の意見をもう少し聴きたくなった。

「それで……、どういう理屈ですか？」

「すいません。大先輩とは知りませんでした。大地主の血筋を引いた方なのかと」

「誰にでも最初はあります。ところで、あなたの本業は何ですか？」

「リフォーム業者です」

「すると、この物件もリフォームをする予定ですか」

「はい。そうしないと、時代に取り残されます。現状を維持するには変化をしなければなりません。維持するだけでは衰退します。具体的な点を申し上げます。外装は痛んでいますし、陸屋根防水もあと少しで限界です。いっそ、ソーラーパネルを張り、共用部の電気はそれで賄いたいと思っております。自然エネルギーの買い取り価格は上昇していますし、補助金も出ます。あと、エレベーターもそろそろ限界です。ワイヤーとレールの交換はすぐにでもした方がいい。内装は空いた部屋から順番にリフォームをすべきだと考えます」

「なるほど……。すると、あなたの会社に発注したとすると、いかほどになります」

「え？」

「私が施主として発注した場合です。今お聞きすると、かなり調査をされたようだ。ならば、不必要な工事は考えていない。施主の立場で考えられたんでしょ。あなたの事務所で話をお聞かせ願いたい」

値引きされ続けるのが嫌だった。あの時の気持ちを言えばそうなる。若い人間に「どうだ、まだまだお前らには負けん！」という所を見せつけたかったのかもしれない。

間を取り持ってくれた不動産仲介業者は慌て始めた。私は、「もし、この方に工事を発注した場合は、工事金額の三％を仲介手数料として支払う」と申し出て不安を抑えた。

ふと横を見ると、赤い顔をした妻が孫の俊樹を抱えてそばに来ていた。

「どうしたの？　としちゃんですよ」

「ははは、若いな」

「当たり前でしょ。あなたはお爺ちゃんなの」

「そう言うお前は……」

「ストップ！　レディーに向かって失礼なこと言わないで。まだ私は後期高齢者じゃないんだからね」

私は「やってられないね」と口にして再び図面に目を向ける。孫の俊樹は「びぇええ」と泣き出し義理の息子のもとに走り去ってゆく。妻は台所に立つと、濃い日本茶を差し出しながら言った。

「で、売るの？」

「え？」

「柏の賃貸マンションよ。思い出の物件じゃない。それでいいの？」

考えてみれば、妻と結婚して初めての大きな買い物だった。自宅も購入しないまま築一〇年のＲＣ造賃貸マンションを購入した。歯科医として成功途上にあったからかもしれないが、冒険だったことには変わりない。

綱渡りのような資金繰りを何度か経験した。

「どうしようか迷っている。今なら、二億で買い取るそうだ」

「二億五千じゃなかったの？」

「ああ、最初は、一億六千万と信じられない金額を言い出した。相手はリフォーム業者でね。

『だったら、あんたのところで工事をしてくれないか』って、申し出たらさ、四千万円アップしてきた。それが限界らしい」

「ローンはもうないんでしょ。いくらでもいいっちゃいいのよね」

「ただな。売るのもなんだかな……」

「それで、リフォーム業者の人は幾らで治してくれるって?」

妻は三代前から東京生まれの東京育ち、ぽんぽん言ってくる。青森で生まれ育った私にはその子気味よさが魅力なのだが、迷っている時に声が詰まる。妻は「ほらっ、はっきり言いなさいよ」といつものように急かせた。

「ご、五年で六千万。最初の年は外装とエレベーターと陸屋根の補修とソーラーパネルだけだけで二千万。あとは全部の部屋を一室一〇〇万円かけて直すそうだ」

「へぇ～え、ソーラーパネルか。あの屋上全面に並べるんだ。いいねぇ～」

妻の口元は上向き、目はきらきらと輝いている。

「し、しまったぁ」私は口元を噛み締める。こうなると誰にも止めることはできない。きっと、妻はソーラーパネルの横で大笑いをする。

解説

同じ建物なら、立地はどこであれ同等の大規模修繕費用が必要となる。家賃の安い地方物件は注意すべし

賃貸マンションも分譲マンションも建物であることに変わりありませんから、大規模修繕は必ず必要になります。

また、地方のマンションも都会のマンションも同じRC造の建物であれば、家賃の多寡に関係なく同様の費用がかかります。

申すまでもなく、入居希望者にとって借りる物件を所有者がいくらで購入したのか関係ありません。店子さんは満足のいく生活環境であればそれでよく、不満足であれば入居しないか、入居している場合は家主にクレームを申し出ます。家主は常に店子さんに満足していただかなければ、家賃を貰えないわけです。

大家さんにとって見逃しがちな費用が大規模修繕です。特に、賃貸マンションの所有者はその傾向が高く、大規模修繕の必要な時期に差し掛かると、売却を意図します。つまり『ジョーカーのババ』を誰かに引かせ、儲けを吐き出さないようにするわけです。

また、地方の区分所有権、つまりマンションの一室は信じられないような値段で取引されています。それも競売ではなく、一般市場で。広さ三〇平米の1DKが一五〇万円で取引される

のをよく見聞きします。

ところが、管理費は月額二万円に対し、家賃は四万円です。つまり実質家賃は二万円ですから、表面利回りは一六％なのですけれど、これには裏があります。

いつまでも二万円を受け取ることはできないのです。いつの日か店子さんは退去します。すると、リフォームをしないとなりません。いくらかかるでしょうか。大よそ一〇坪ですから、坪四万円のリフォームをすると四〇万円。月数にすると、余剰家賃の二〇ヶ月分になります。つまり、平均五四ヶ月入居していただいていたとして、その内の二〇ヶ月分はリフォーム費用として出てゆく計算になるのです。


区分所有マンションを購入する場合、管理費が周辺家賃相場の三割を超える場合は慎重に検討してください。

こう申し上げると、「大家さんって大変だな」と感想が聞こえてくるようですが。そうでもありません。見極めれば良いのです。

歯科医の旦那さんがいくらで購入したのか定かではありませんが、三〇年の間にローンを返し終わり、売却を意図したのでしょう。予定売却総額は二億円です。しかも六千万円をかければ、あと二〇年以上は稼ぎ続けてくれるはずです。

「でも、それが限界でしょ」

おっと、それは何を根拠に言われているのでしょうか。ヨーロッパではレオナルド・ダビンチが暮らした部屋は今も賃貸中、四〇〇年以上家賃を稼ぎ続けているのです。そんな事例はヨーロッパだからと言うのは間違いです。京都の町屋では、三〇〇年以上の家屋は当たり前に存在します。

耐用年数という概念が一般的に出てきたのは戦後のこと。それまでは日本の家屋は欧米と同じように世代を超えて存在する、正に耐久諸費財だったのです。

特に一九八一年以降の新耐震基準を元に建設された建物は地震にも強く、心配なさる必要は少ないと存じます。

しかしながら、ストーリーの中で若い購入希望者が申しているように「変化」は必要です。賃貸物件の地位を維持するための変化です。

その昔、畳部屋や和式便所そしてバランス釜は当たり前の設備でした。ところが、この三つは絶滅危惧種になっています。

時代はそろりそろりと変化するので、気づきにくいのですが、大家さんは目ざとく変化を取り入れ、時代に取り残されぬ努力を続けなければなりません。

ケーススタディ

22

【肩書き】

定年後の自由な生活を誤解してはいけない

〝緑とお堀の町、都心にありながら、外堀沿いに建つくつろぎの空間〟確か、そんなキャッチフレーズのアルカディア市ヶ谷。私は主賓席の居心地の悪さにお尻をもぞもぞさせながら、延々と続くスピーチに耳を傾けていた。

演壇に立つのは元検事の広田興起、政治家の疑獄事件の捜査を指揮したことが唯一の自慢、鼻の下に切りそろえた髭に手を伸ばす。いつもの、お決まりのフレーズが口をついて出た。

「悪は許さない！　私は母高卒業生であることを誇りに思い、一心不乱に戦って参りました。これからもその気概を忘れず、頑張って参ります」

万来の拍手の中、隣のでっぷりと太った幹事の岡田が私の耳元に口を寄せた。

「あいつ、検事辞めて弁護士になってからよ、後輩に捜査情報を教えろって、頭を下げて回っているらしいぞ。言行不一致は高校の時と変わらねぇな」

「ははは、そうなんだ」

広田は手を上げながら、演題を降りると私の隣に腰を下ろす。岡田は中瓶を片手に広田に薦める。私は中華料理のオードブルを皿に取りながら、二人のやりとりを耳にした。

「広田先輩、ご苦労様です」

「いや、なんの。母校のためとあれば、何度でも演壇に立つ覚悟です」

「広田先輩は我が校の出世頭ですから」

話していて、恥ずかしくならないのだろうか。岡田の太鼓持ちと広田のええカッコしいは昔と変わらない。私は二人の会話に入らず、もくもくと食べ、そして紹興酒を口にする。ふと、広田が私に向かって口を開いた。

「時に、君は確か、勤務していた会社が倒産したあと、不動産賃貸業を始めたとか風の噂に聞きましたけれど、景気はどうですか？」

「ぼちぼちです」

太鼓持ちの岡田が割って入る。

「広田先輩、こいつ貸家を一〇〇軒以上所有しているんですよ」

「え、一〇〇軒、ですか」

話が妙な方向に変わる。主賓席に座る女性陣の一人がよせばいいのに、口を開いた。

「ご寄付を一〇万円下さったんです」

同窓会の参加者が少なくなり、費用が足らないからと懇願されてのこと、決して口外するなと言い含めていた。女性は私の視線に舌を「ぺろっ」と出す。おっちょこちょいの性格は直っていない。不思議そうな顔をした広田は再び質問を口にした。

「君の名前は？」

「白川です」

れた。

「親御さんから相続されたの？」

「いいえ、自力ですけど。いいじゃありませんか。たまたまですから」

「良くない！　そうしたノウハウは共有しようじゃありませんか。なぁ、そうだろ？」

岡田も横から「そうだ、そうだ」と合いの手を入れる。女性陣も興味津々《しんしん》、私は退路を絶たれた。

その夜、広田は私を解放しなかった。そして、驚いたことに私の自宅まで来た。「本当に、本当か、この目で確かめる！」酷く酔っ払った彼に辟易《へきえき》した私は小雨降る渋谷区松涛にある自宅に招いた。

「ここです。一杯飲んでいきますか？　ゲストルームもありますから泊まれます」

私は嫌味たっぷりにそう口にした。

すると……。「いや、失礼した。細君に宜しくお伝えしてくれ」と肩をすぼめながらタクシーに再び乗り込む。遠ざかるテールランプは小雨の緞帳に徐々に掻き消えてゆく。ふと横を見ると、傘を手にした妻が「濡れるよ」と私の肩を押した。

私はリビングの革のソファに身体を投げ出し、ネクタイを解く。吹き抜けの天井にはシーリングファンがゆっくりと回っている。妻はグラスに氷を敷き詰めた濃い日本茶を差し出しながら言った。

「誰なの？」

「高校の先輩。与党の幹事長の疑獄事件を捜査指揮したことが唯一の自慢の男だ。高校の時は生徒会長にしてテニス部の部長。ただ、裏では女と遊びまわっていた」

「へぇ〜、そうなんだ。お招きすれば良かったのに」

「誘ったけど、お前さんによろしくと言って帰った」

私はジョッキをぐるぐると回し、冷えた日本茶を煽る。妻は納得いかない風情で口を開いた。

「なんか、怒ってるみたい」

「俺か？　ははは、そう見えるか。……、そうかもな。最初さ、『倒産したあと貸家業を始めたと聞きましたけど、景気はどうですか？』なんて、偉そうに聞いてきた。俺は『ぼちぼち』って言ったんだが、岡田、知ってるだろ？　あのでぶっちょ。あいつが一〇〇軒以上所有しているって言い出した。そしたら、『どうして成功したのか、その秘訣を共有しよう！』って生徒会長みたいに皆に同調を求めて質問攻めだ。ついには『本当に本当か、お前の自宅を見せろ』と来た。検事生活が長いかどうか知らねぇけど失礼にもほどがある。そう思わないか？」

妻は飲みかけのシャンパングラスに口をつけると、予想もしないことを口にした。

「羨ましいのよ」

「え？　俺がか、あの人は検事を辞めても弁護士だぞ。俺は倒産した会社の元社員で、なんだかんだで今があるだけだ。名声なんて何もない。ただの大家だぞ」

「検事辞めたら、ただの弁護士でしょ。弁護士って、数が増えて大変みたいじゃない。それに、あなたも六十を過ぎたんでしょ。本当なら定年退職の年じゃない。もし、会社勤めをしていて、役員になったとしてもあと数年で肩書きがなくなるわけよ」

「なんか、あったのか？」

「お友達から、散々聞かされてる。会社辞めて、家に居て、威張られてやってられないって。『早く死なないからしら』って、真顔で言うんだもの」

再びジョッキを手にして先ほどまでの会話を回想した。

彼らは口々に「いいなぁ〜、でももう遅いよな。今はもうそんな元気はないよ」と言った。

私は「昔もそうでしたよ。不動産が安い時なんていつの時代にもない。いかに安く買うか、ただそれだけです」彼らはまともに聞いてはくれなかった。

解説

定年と言う『死』を宣告されても、大家さんである限り肩書きは消えることはない

男性にとっての肩書きは切っても切り離せません。どこの組織に所属しているのか組織のどの地位にいるのか、初対面で取り交わされる名刺がそれを物語っています。

ところが、誰にも訪れる〝死〟と同義語なのが、男性にとっての『定年』です。定年を迎えると、花束とともに組織から勇退を突きつけられます。

「ありがとう。みんな、元気で！　おい、しっかりしろよ。たまに来るからな……」

強がりを言い、会社を去る男の背中。まだまだ働ける。まだ遣り残したことがある。彼らには負けはしない。しかしながら、経験と自負は「定年」という嵐に掻き消えていきます。役人の天下りのように、大手企業の中には子会社のポストが用意されています。ただ、その日本的雇用風習も風前の灯火、今後一般的な雇用形態ではなくなるでしょう。

訪れる膨大な自由時間に、どうしていいのか分かりません。それまで憧れていました。誰にも行動を指示されず、いついかなる時も自分の自由意志で決められる。それが定年後の生活だと夢を描いていました。

ところが、それは砂上の楼閣であることを一ヶ月もしないうちに思い知ります。

「ショーシャンクの空」という映画をご存知でしょうか。ティム・ロビンス扮する銀行マンが愛妻殺しの濡れ衣を着せられ、終身刑を言い渡されます。刑務所の中で知り合うのがモーガン・フリーマン扮する何でも屋。銀行マンは二〇年以上の時間をかけて穴を掘り脱獄します。そして数年後、何でも屋も仮釈放され、自由の身となります。ところが、何でも屋は世間になじめません。塀の中にいたからこその「なんでも屋の能力」も世間では何の役にも立たず、看守から命令されるか許可を受けなければ行動できない自分自身に戸惑い、苦しみます。

どこか似ていないでしょうか。

そう、肩書きを重んじるサラリーマンに。男性は二度死にます。一度は組織から『ＮＯ！』を突きつけられる定年、そして生物としての『死』です。人によっては、私のように会社が倒産することにより、『死』を告げられることもあります。そして、『リストラ』と言う名の死刑宣告を告げられる方もいらっしゃるでしょう。

自分の人生を他人にとやかく口を出されることに耐えられるでしょうか。

私は断固拒否します。

元々、権力や上から目線の人間には我慢がならない人間です。親元にいる時から不満だらけでした。親に従い、教師に従い、社会に従う。例えそれが、理不尽に思えることであっても飲み下さなければなりませんでした。

社会人になっても支配者は親や教師から上司や取引先に変わるだけ。被支配者としての身分は変わりませんでした。

ところが、ひょんなきっかけで大家さんの道に踏み出すと景色は一変しました。経済的な独立を果たし、「嫌な物は嫌」「おかしいことはおかしい」と言えるようになりました。

私は兼業大家さんを一人でも多く誕生させたいと願っています。それは正しいと思えることを正しいと当たり前に言える頑固な仕事人が増えれば、住み良い社会になると信じているから。生活のための仕事ではなく、仕事のための仕事をできるからです。

さらに、定年という男性にとっての『死』を宣告されても、大家さんである限り、肩書きは息を引き取るその時まであなたの傍から消えることはありません。それが大家さんです。

ケーススタディ

23

【貸し止め、売り止め】相続問題を甘く考えてはいけない

木曜日の昼下がり、事務所にいるのはアポインターの女性二人と事務担当のアルバイト、そして宅地建物取引主任者の私だけ。店長の田所は得意先へのご機嫌伺いに行き、営業マンは新築分譲地の現場調査に出向いている。

豪華にしつらえた一階の商談ルームから二階の事務所に続く螺旋階段を駆け上がる靴音が聞こえる。

「ただいま戻りました」

「ご苦労様、それで?」

私は中途入社の営業マン山口に声をかけた。勤務していた年金顧問会社は預かり資産を減らし、人員整理に着手。若い山口はリストラの対象となり会社を去った。

「え?」

「登記簿謄本取ってきたんでしょ。それで所有者欄に変化はあった?」

「いや、登記簿謄本を挙げてきただけだから……」

「あなた、宅建の資格所有者なんだから、業務命令の意図を汲み取らないと、いつまでたっても売り子で終わるわよ」

三一歳だっただろうか。いや、彼の頭の禿げ具合から見てもう少しいっているかもしれない。いい大人なのに、この先の読めなさはどうにかならないものだろうか。指示をこなせばいい。そう思う思考回路に私はため息をつく。

山口はあわてて所有者が記載されている甲区の記載に目を落としながら、たどたどしく口を開いた。

「そ、相続により譲渡されています。所有者は……、母親と兄弟三人にそれぞれ、法定相続分の持分相続になっています」

「なるほどね、内容証明通りというわけか。佐山さん、アーバン広瀬の入居募集ページは止めて」

私は事務担当の女性に声をかける。

彼女は「わかりました」と小さく答え、パソコンのキーに向かう。

山口は登記簿謄本を差し出しながら尋ねてきた。

「あのぉ、所有者の変更と何か、関係があるのでしょうか?」

「山口君、なぜだと思う?」

「わかりません」

山口は不満そうな顔をしながらそう口にする。彼がリストラの対象になったのはこうした性格なのではないかと思う。

追い払おうと、手を挙げたとき、所長の言葉が頭に浮んだ。

「小口さん、あなたが居てくれて本当に助かってる。ただ、もし良ければ、もう少し部下を育てることを考えてくれませんか。うちは中途入社に頼るしかない地場の不動産仲介業者です。一人採用するのに平均五〇万円のコストをかけています。どうしようもない人間であれば、退社しても構わないのですが、可能性があるなら一緒に頑張ってもらいたい。そう思っているんです」

私は、事務所の時計をチラッと見る。時刻は午後一時二〇分。そう急ぐほどの時間ではない。

私は口元を上げながら言った。

「今朝、内容証明が来たのよ。アーバン広瀬の所有者を名乗る人物から。内容はね、『今後、貴社への管理業務は断る』ということだった。あのアパートはうちが一〇年前に仲介で販売した後、管理業務を請け負っていた物件だったの。そこで、あなたに法務局に行って謄本をあげに行ってもらったわけ。理解できる?」

「星野寛治さんが亡くなられて、奥様と三人のお子さんに相続されています。所有権は奥様が二分の一、お子様がそれぞれ六分の一。皆さんが管理業務を断ってきたのでしょうか?」

「ううん、末っ子の次男一人」

「え？　すると、六分の一の所有者が管理業務を断っただけで、管理業務は駄目になるんですか」

「そう。所有者の完全なる意思がなければ、売ることも貸すこともできないの」

「なぜ、次男の星野一樹さんはそうされたんでしょうか」

眉間にしわが寄るのをどうすることもできない。「なぜ、なぜ、なぜ」自分で考えることを『なぜ』しようとしない？　いらいらは最高潮に達する。表通りから事務所に続く階段の扉から所長の田所が顔を見せ、声をかけてきた。

「山口君、怒られているのか？」

「いえ、教えていただいています」

「ほぉ……。ははは、それで何を？」

田所は顔をほころばせながら近づいてくる。私は席を立ち、ことの成り行きを早口で手短に説明する。田所はタバコを口に銜えながら言った。

「山口君、不動産仲介業者はね、『真の所有者』。分かるか？　完全に所有権を所有している所有者の代理人であることを宅建業法の中で求められているんだよ。今回の場合は、六分の一の所有者が管理業務を断ってきた。あとの六分の五の意思は関係ないんだ。多数決じゃないからね。「六分の一の所有者の反対」この事実だけで、契約は解除される。うちができるのは半年分の管理費を受け取るだけ。これは特別条項に記載されているうちの権利だからね」

「はい。それは分かります。ただ、末っ子の方がなんで断ったのか、それが……」

「ははは、はっきり言えば、うちには関係ない。ただね、そういうふうに相手の意図を思い浮かべるのはいいことだ。大いに悩んでくれ給え。それで結論が出たら、私に教えてくれないか。一緒に考えてみよう。いいかい？」

「はい！　今後ともよろしくお願いします」

山口は顔をぱっと輝かせ、席に戻る。そして「現場調査に行ってきます！」と元気よく飛び出していった。私は、「はぁ〜」と大きくため息をつく。所長の田所は灰皿を手にしながら口を開いた。

「まぁまぁ、あんなもんだよ。最初から高望みしなさんな」

「いいえ、所長みたいにすれば良かったのかって。自分自身に腹が立って……」

「でも、あれだな。こういう案件増えるんだろうな」

「親族間の争い？　次男はお金が必要になったから、嫌がらせをしたんですよね。貸せなくなれば売るしかない。それを待っているわけでしょ」

「そう。そうしたこともあるけど。所有権の意思統一が図れずに利用できない不動産はどんどん増えるんだろうな。駅前の商業ビルもそう。今は昔から営業している普通借家権の店舗だけが入居しているだろ。撤退した店舗は貸せなくて歯抜け状態だ。さっき、四分の三の権利所有者から電話があってね、『売却したい』って」

「あとの四分の一は？」

田所は両手を肩の位置まであげ、ひらひらさせながら「分からん」と口にした。

解説

所有権の分散した不動産は売却も賃貸もできない事態になりかねない

不動産仲介業者は「真の所有者」の代理人として、賃貸や売却の仲介者となります。これは、宅建業法の中でも最重要な項目です。なぜなら、宅建業法が整備される以前、「山師」と呼ばれる違法仲介業者が偽造の権利書や謄本を作成し、「真の所有者」に断りなく善意の第三者に販売した事件が頻発したからです。

山師らは所有者を演じる役者を用意し、場合によっては司法書士も仲間に引き入れ、一般消費者を欺きました。

日本では登記簿謄本により不動産を管理していますが、登記簿謄本に公信力はありません。仮に「真の所有者」が別にいて、登記簿謄本に反映されていないだけの場合、登記簿謄本に基づいて取引された契約は無効となります。

「そ、そんなことないでしょ。聞いたことないよ」

いいえ、皆さんも目にされているはずです。その代表的な例は相続です。相続をしたからといって、登記簿謄本の所有者を変更しなくても構いません。違反ではあっても罰則はありませんから、誰も守らないといった方が適当かもしれませんが。

この結果、何が起こるか。

一つの不動産の所有権がばらばらになることが頻発しています。特に、身内のいない方が所有する不動産の場合、先祖を遡り、遺族に法定相続されることになります。

法定相続人はネズミ算式に増え、収拾がつかなくなった不動産が毎年生み出されているのです。更に、法定相続人が相続放棄をした場合、そこから更に先祖に遡り、遺族に法定相続されます。そうしたことを繰り返すと、一つの土地の「真の所有者」の人数が百人を超える事例も珍しくありません。

地方の道路などの場合、拡張するにも「真の所有者」の同意や譲渡を必要としますから、特別班を設け、全国を飛び回る人員も存在します。

また、こうした現象は都会でも起きています。繁華街や住宅街の中で威容を誇るビルや豪邸なのに、誰も住んでない「幽霊屋敷」の背後にも「真の所有者」の意思統一が図れない背景が存在しているのです。

皆さんが不動産賃貸業で成功した暁にもこうしたリスクは付きまといます。仮に何の手も打たないとしたら、遺族は「持分相続しようか、それが一番喧嘩も起きないし。親族の間で揉めることなんてみっともないしね」と、水が低い所に流れ着くように安易な結論を下してしまうことでしょう。

で、どうなると思いますか?

一〇年もしないうちに、持分相続した親族の中から持分相続した不動産の現金化を求める人物が現れます。

そして、現金化したい人物は「できるだけ高く売りたい」と主張し、買い取り側は「できるだけ安く買いたい」と主張するでしょう。

結果、交渉は決裂し、親族間での取引は成立せず、第三者への販売を意図しますが、完全なる所有権でなければ、まともな値段はつきません。

現金化を主張する親族はそこで「全部を売ろう」と変更。ここで両者の意見は対立し、売却も賃貸もできない不幸な不動産が生まれます。

大家さんは大家さんで終わりますが、遺族は不動産を引き継ぐだけでは大家さんとなりません。この事実をどうか認識していただきたい。

そして、不動産は全ての権利を掌握する「真の所有者」しか売ることも貸すことも決断できない事実を忘れてはなりません。なぜなら、一般消費者と不動産所有者を繋いでくれる、不動産仲介業者は「真の所有者」でなければ代理できないからです。

ケーススタディ24

【生前贈与】税金問題を疎かにしてはいけない

すすり泣く声が静かな病室をひたひたと満たしてゆく。やせ細り、窪んだ目、大柄な骨格はさながら人体標本のように見える。

「はぁ……」吐息が長く続き、そして止まった。付き添う医師は心電図のモニターを見る。そして、静かな口調で言った。

「ご臨終です」

すすり泣きは、泣き声に変わる。私は満足そうな親父の顔をじっと眺め「大丈夫、しっかりやるよ」とつぶやいた。

死期を悟ったような晩年だった。あまり交流のなかった親父がふいに顔を見せたのは六年前、日曜日の昼下がりだった。

「おう、元気か？」

何の前触れもなく訪れた親父に懐かしさよりも、不安を覚えた。

「どうしたの」

「いやな、どうしてるかと思ってな」

「まぁ、ぼちぼちやってるよ。次男の博之も今年就職だから、ようやく手が離れるしね」

「そうか……」親父はハイライトを懐から取り出す。妻は食器棚の上から灰皿を取り出し、親父の前に置く。タバコを銜えた親父はライターを点けながら言った。

「会社を専務に譲ることにしようと思う」

「そう、なんだ」

「なんだ、継ぎたいのか?」

「いや。僕には無理だよ。父さんのようなカリスマ性も突破力もない。教壇に立って生徒を教えている方が性にあってる。今日はそのこと?」

独断専行、唯我独尊を絵に描いたような親父が会社の後継者の了解を、私に求めるつもりなのだろか。ケムリを吐き出した親父は鼻を「ふん」と鳴らし、口を開いた。

「バカ野郎、そんなことじゃない。生前贈与のことだ」

「いらないよ。僕は僕でなんとかやってるし、子供たちもそれぞれの人生を歩んでる」

「まぁ、そう言うな。俺ももう歳だ。死ぬまでに使い切れるわけでもない。それに、このまま死ぬと嫌でも相続税がかかってくる。お前が相続放棄すると、国に持って行かれる前に、他の人間に相続される。金はあって困るものじゃない。それにだ……」

親父は言葉を尽くして説明を始めた。会社を専務に譲ることにしたのも、会社の債務を相続に絡めたくないため。債務超過に陥っていない今なら、何の問題もなく第三者に引き継げるとのことだった。私はうんざりしながら言った。

「だったら、それでいいじゃない。専務の塩崎さんなら引き継げるんでしょ。父さんの会社は未来永劫生き続けるわけだし、万々歳じゃない」

「まぁな。永い間会社を続けるとな、オーナー一人の問題じゃなくなる。従業員は会社から給料を貰うわけだし、取引先も金融機関への返済もある。突然、辞めましたというわけにはいかんからな。ただな、それだけで終わることじゃない。駅前のテナントビルもあるし、会社の入居しているビルも俺の名義だ。母さんが亡くなって、身寄りはお前一人だ。このまま、俺が死ぬと莫大な相続税がかかる。否が応でもお前は俺の相続に巻き込まれるんだ」

「面倒だね……」

「ほんと、お前は欲がないな。金をせびったこともないし、保証人を求めたこともない。なんでだ？」

本音を言ってもいいものだろうか。私は少しためらいながらも口にした。

「お金で揉めるのが嫌だから。父さんのように成功を追い求める人生はやり切れないんだ。穏やかな当たり前の日常の方に魅力を感じるんだ」

親父はタバコを黙ったまま吸い続けている。一昔前なら「勝負しない人生に何の魅力があるんだ！」と舌鋒鋭く反論していたはず。

親父はしばらくして、ため息を漏らすように言った。

「そう、だな。そう言う生き方もあるな……」

そして、「邪魔したな。また来るわ」と肩を落として帰って言った。ただ、親父はそれで諦めなかった。長文の手紙を送って寄越した。そこには、自己主張を延々と続ける親父の姿はなかった。一五歳で終戦を迎え、働くしか選択肢がなかった自分の一生を客観的に描写していた。

そして、私の生き方を「誇らしく思う」とも記述していた。

手紙の文字が歪み、不思議に思い手を顔に当てると涙が無意識に流れていた。私は親父に電話を入れた。

「一樹です。手紙読みました」

「たっははは、読んでくれたか……」

照れ隠しに大笑いをする親父を身近に感じた。

あれから六年、私は親父の提案通りに金融機関に同行し、生前贈与の手続きを始めた。最初は親父のビルの所有権三分の一を親父から購入した。購入資金は金融機関から借り入れ、連帯保証人は親父が成った。その後、相続時清算課税の上限である二五〇〇万円贈与してもらい、ビルの所有権を買い増しした。地代は親父に払い、テナント代で金融機関に返済をした。

一連の手続きが終わり、親父と二人鰻屋で食事をした。親父は鰻を口一杯にほうばりながら言った。

「ああ、安心した。あとは三年後にビルの所有権を売れば、それで大体完成だな」

「ふ～ん、そういうものなんだ」

「ああ。建物の権利をお前の所有にすれば、底地は大したことじゃない。少ししたら、底地の一割の持分もお前に譲る。それで終了だ」

「父さん、いま少し説明してくれる？　どうして持分にこだわるの」

「あのな、不動産って奴は正常な状態が一番値段が張る。ここは分かるだろ。と、いうことはだ、非正常な状態にすると値段は安くなる。お前さんに安く譲渡しても合法なんだ。しかも、購入資金は金融機関から借り入れているから、税務署は文句が言えない。身内同士の売買は時として否定されて贈与になることもあるからな。それに……」

親父は我が意を得たりとばかり、膨大な説明を始めた。私は分からないことは分からないと素直に口にし、親父は知識の少なさを責めはしなかった。あれから、六年。私は親父の弟子の一人として少しは成長を遂げたと思う。

解説

所得税や相続税など、税法を前提にした節税は失敗する可能性がとてつもなく大きい

相続税法は前触れもなく〝改正〟されます。法律の変化が本当に改正なのか、それとも改悪なのかは分かりません。ただ、それまでの常識が一変します。昨今は、財産税や相続税率の大幅な引き上げが公然と論議され、財産を所有する人間はあたかも『悪』であるかのような議論

が交わされています。国の財政が悪化していることが原因かもしれませんが、財産を所有する方には肩身の狭い時代が訪れようとしています。

財産を子孫に残そうとする行為は当たり前の感覚です。それは文化や技術の伝承となんら変わりありません。もし、死んだあとは関係ないとばかりに、所有財産を現金化し、死ぬまでに使い果たすとしたら、家族制度そのものの破壊に繋がることでしょう。自分が死んだ後の心配をすることは美しいものであり、責めるべき対象ではありません。

とは言え、財産所有者への課税強化や相続税の大幅な上昇は規定路線にあると考えて対処すべきです。それがリスクヘッジというもの、理想を前提にしてはなりません。

そこで、前面に出てくる対応策が生前贈与です。生前贈与と言うと、お金の贈与を「いの一番」に思い浮かべます。しかしながら、無税の贈与には限界があります。相続税の対象者は現在、全体の四％程度ですので、相続税を心配する人にとっては取るに足りません。では、他にどんな方法があるでしょうか。

その一つは信用供与です。資産に裏づけされた親が子供に信用を与えて、子供がお金を借りやすくしてあげ、資産作りの側面援助をする方法です。具体的には親が連帯保証人となる人的保証と、親の所有する不動産を共同担保として差し入れる物的保証の二つがあります。どちらも、信用の供与であり、現金の贈与ではありませんので、税金がかかることはありません。また、資金は金融機関から借り入れたものですから、贈与ではありません。親から子供にお金を貸した場合、その多くは税務署から贈与と見做されることと大違いです。金融機関を間に入れるからこそ、否定されないのです。

次に考えられる手法は親の所有する不動産をわざと汚す方法です。不動産の価格は問題の無い状態が一番高く評価されます。問題のない状態とは敷地確定され、再建築可能な道路付けであり、敷地と建物の所有者が同一の状態です。一方、敷地所有者と建物の所有者が食い違っている場合は地主と借地権付建物の状態、敷地は底地と呼ばれます。

底地と借地権付建物の合計額は所有権が同じ場合の値段の六〇％〜七〇％でしかありません。また、敷地と建物の所有権が分散している場合、更に半値となります。つまり、この二つを組み合わせると、一般市場価格の三〇％から三五％で譲渡可能となります。

ただし、この状況を作り出すには財産所有者である相続人と財産を譲渡される被相続人の信頼関係が必要です。なぜなら、正常な状態の不動産をわざと汚すわけですから、信頼関係無くしては成立し得ないのです。

財産を築き上げた人間は無能でも悪いわけでもなく、先を見通す目を持つ有能な人物です。彼らは自らの死期を通常の人間よりも深刻に捉えています。「俺が生きている間は何とかなるが、死んだあと、あいつら……」体力の衰えを感じ、近しい人物が一人二人と亡くなるのを目にするにつけ、そう思うもの。

どうか、心配性でプライドの高い彼らを理解していただきたい。彼らから声がかかるのは稀です。待つのではなく積極的に彼らと話せば、きっとほおを緩め、支援を約束してくれることでしょう。

ケーススタディ 25

【引継ぎ】自分なしで家族がどうなるかを考えなくてはいけない

新宿で打ち合わせを終え、腕時計を見る。時刻は午後九時五〇分、まだ酔いの口にさしかかったばかり。職安通りを横切り、間口、一間半の店が折り重なるように続く、新宿ゴールデン街に足を踏み入れる。

鉄砲階段を上がり、扉を開ける。むっとした汗の匂いとともに足の踏み場もないほど混雑した店内を目にした私は「……、また来るよ」と声をかけた。

「なに、言ってんの。入りなさいよ！」

怒声にも似たママのがらがら声、ここで背中を見せるわけにはいかない。「そう？」と口にし店内に入る。ママは「空けろ！　詰めろって言ってるだろ」と客を物のように扱う。アルコールに溺れかけた客は文句を口にしながらも、席を作ってくれた。

「いや、どうも……」

「お宅何してる人？」

髭面の身体のいい男が遠慮なく話しかけてくる。ゴールデン街ではよく出くわす光景に思わず頬は緩む。私は「とりあえずビール」とママに声をかけた。目の据わった髭面の男は更に聞いてくる。

「お宅に言ってるんだけど」

「はは、申し訳ない。少し考えていました。いったいなんて言えばいいのかと」

「こっち系?」

男は左頬を右人差し指ですっと切る真似をする。

「いえいえ、そんな滅相もない。不動産関係でしょうか」

「やっぱり、そっち系だ……。で、楽しい?」

「何がでしょう?」

「人生だよ」

がらがら声のママは生ビールを差し出しながら割って入る。

「尚ちゃん、また人生論かい? あんたの演劇論に付き合っていたら暗くなるよ」

「人生は辛い。辛い人生に幸あれ! 演劇はつかの間の癒しですよ、そうでしょ。生まれて死ぬまでの待合室ですよ。人生ってもんわぁああ。そう思わない?」

「人生って引継ぎじゃないでしょうか」

今宵の酒の肴は髭面の〝尚ちゃん〟と呼ばれるこの男に決めた。私は彼に向き直り、じっくりと話し込む。

尚ちゃんは尚之という俳優の卵、小劇場で腕を磨きながら、デビューを目指していた。一軒目で仲良くなり、二軒目、三軒目と付き合った。酔いつぶれる寸前の彼に言った。

「誰もが誰かと関係持ちながら人生を過ごしている。一人で生きることなんて誰にもできない。今生きている人間は、先祖のお陰で暮らしている。言葉もそうだし、酒だってそうだ。今生きている奴が一から作ったものなんて何一つない。

私もあなたも生きている間に何を残すか、それが勝負じゃない？　あなただって、演劇で癒しを提供している。後輩に指導もしているでしょ。人生に意味がないってことは絶対にない」

「そう？　本当にそう思ってる？」

「ええ。あなたの言うようにいずれ、私も土くれになる。ただ、生きていた証は子供たちや友人に残る。私の人生は形を変えて続いてゆく。それでいい。生きていた意味はある。そう思います」

「俺も生きていていいの？　俳優になれないとしても生きている価値はあるの？」

「当たり前じゃないですか」

ゴールデン街の空はしらじらと明るくなっていた。

始発の電車に乗り、東西線の東陽町駅からタクシーで南砂の自宅にたどり着く。時刻は午前六時五〇分。朝食作りの時間だ。トーストとハムエッグそしてサラダを手早く作り、ヤクルトを添えて家族を起こす。スーツ姿の私に、子供たちは「パパ、朝帰りだ」とからかってくる。私は「うるせぇ、早く食え」と声をかけ、高一になる長女の弁当作りを始めた。

私は朝、昼、晩の食事を担当している。夜に打ち合わせがある日は夕食を作ってから出かける。妻は九四軒の貸家の管理を一手に引き受けてくれている。確定申告も税理士に任せていない。

打ち込みから税務署への申告まで彼女一人でこなしてくれている。

なぜ、そうした役割分担にしたのかというと、貸家を増やしすぎたからだ。もしも、私が管理まで一人でこなし続けたとしたら、妻は大家さんの〝お〟の字も知らぬままに過ごすことになる。


ずっと私が健康で生きていれば問題はない。ただ、明日何が起こるのか、それは誰にも分からない。地震があるかもしれないし、電車の事故だって起こる。明日、生きている確率は限りなく高いものの一〇〇%ではない。

もし、そうした不測の事態が生じたとき、大家さんの〝お〟の字も知らない遺族は膨大な貸家を前にして戸惑うことしかできない。店子さんからのクレームに対処できないし、リフォームをどうすればいいのか見当もつかない。それでは困る。そこで私は食事作りを申し出て、妻には大家業を担当してもらっている。

「先生が、やればもっと大きくできるでしょ。それに管理会社もあるし」

そう提案されることはよくある。確かに、その通りだと思う。だが、どんなに頑張っても世界の富を一手に握ることなんてできない。どこかで歯止めをかけなければ、一生を貸家の拡大に費やすことになる。

それで何が残るだろうか？

子供から見て父親の姿はどんなふうに映るだろうか。私が子供の立場から見ると、限りなく醜悪に見える。

一〇〇は二〇〇よりも小さく、二〇〇は一〇〇〇から比較するとほんの僅かな量でしかない。上を見れば切りがない。中庸の至福にこそ安定した暮らしがあるのでは？　私はそう考え、六〇戸を過ぎた辺りでペースを落とし、「引継ぎ」を暮らしの中心に据えた。

現在、注力しているのは妻名義の不動産取得である。

一昨年には京都の東舞鶴市にソシアルビルを一棟と、福井市に一戸建てをプレゼントした。彼女名義の不動産で抵当権は一切ついてない。月額家賃が五〇万円を超えたところで、子供たち名義の不動産の取得に移ろうと考えている。ただ、協力する条件として、宅地建物取引主任者資格の取得と伝えている。

「甘やかしすぎでしょ」

いや、必要なことだ。もし、彼らに何もしなければ、彼らの目線は親の財産に注がれる。待っていれば、いずれただで手に入るのだから当然のことだろう。しかしながら、貸家を増やす術を身につければ、自ら動き始める。

実践し失敗するからこそ、親の言葉を聞き入れる。引継ぎはトライ&エラーがなければ絵に描いた餅となるのだ。

解説

何も手を打たなければ、あなたの子供は不良債権になる

日本の家庭は社会主義です。

こう言うと「え、嘘。日本は資本主義でしょ」と猛然と反論されますが、実態を精査すると、その理由がよく分かります。

日本の子供は何の対価もなく暮らし、小遣いを与えられ大切に育てられます。学校では平等を学び、勝者が勝ち誇ってはならないと厳しく戒められます。ところが、社会に出た途端、弱肉強食の世界に叩き込まれます。

営業ではノルマが課せられ、事務では処理能力を問われ、技術職では、開発スピードや品質を問われます。一定水準以下の場合は〝人〟扱いされません。結果、引きこもりや社会不適合の烙印を押される子供たちが量産されています。

私は子供たちにお小遣いを与えていません。お金が欲しいなら『稼げ』と伝えています。

稼ぐポイントは労働と勉強やスポーツの成績。

道に落ちている吸殻一本を一円と交換し、ビニール袋一つの雑草は百円と交換しています。

小学校時代、小テスト満点は百円、大テスト満点は五百円と値づけしています。九九点はゼロ

円と結構厳しい査定ですが、これでケアレスミスはなくなります。スポーツも一位であれば、お金になります。勢いやる気が違ってくる。これこそ資本主義の精神ではないでしょうか。

資産のある方は気をつけなければなりません。一番の懸念材料は子供たちのやる気です。「俺んちは金持ちなんだ」そう思うと、努力する意識が薄れてゆくのはどうしようもありません。「俺何もない家であれば、「俺がなんとかしないと」というハングリー精神は誰に言われるわけでもなく湧いてくるものですが、資産家の子息には仕掛けが必要です。

だからこそ、お小遣いでやる気をつっつくのです。中学生になると順位が発表されますから、順位に値段をつけます。高一の長女は毎回三万から五万の賞金をせしめ、ホクホク顔。私は「儲けるなぁ〜、たいしたもんだ」と笑っていれば、それでオーケー。勉強を強制する必要はありません。ある一定以上の成績になると、そこから落ちる恐怖が芽生えますので、最初のきっかけさえあればいいのです。


大家さん業務の引き継ぎは、「福の分け与え」を念頭に据えていただければと存じます。所有者が旦那で、あり余るキャッシュフローの大半を旦那が浪費したとしたら、家庭は針の筵になることでしょう。家族は浪費を続ける旦那を嫉妬し「居なくなればいいのに」とさえ思うもの。近親憎悪に近い感情が芽生えるのに時間は左程必要としません。

いい事があれば、家族と喜びを分かち合う。旅行に行っても焼肉を腹いっぱい食ってもいい。家族と過ごす時間を作ることです。

素行不良の子供たちは家の不良債権になってしまいます。子供たちと過ごす時間は思う以上に短いのですから、大切になさってくだされぱと存じます。

投資の基本は、価値ある物を可能な限り安く取得すれば資格も年齢も関係がありません。ですから、子供たちにもそのチャンスを与えるべきでしょう。投資の先輩である皆さんは子供たちに自らのノウハウを伝えることができます。共に歩む投資家にするのも、あなたの資産を待つどら息子にするのも、あなた次第です。

そして、資産の拡大に歯止めをかける勇気を持っていただきたい。強欲に身を任せると思わぬ失敗に遭遇してしまいます。

鉄砲階段が危険なように、一本調子に資産を増やすと、踊り場がないので、一つ足を踏み外すだけで下まで落ちてしまいます。

大丈夫、あなたの人生はあなたの物です。人は違う人生を生きることは不可能ですから他人を羨む必要はないのです。

終章

投資家を惑わす108の煩悩

1　**ギャンブルには近づくな。**

パチンコ、スロット、競馬、競輪、競艇、宝くじ。すべての客は胴元を太らせる栄養である。

2　**改革は最初が大切。半歩ではなく二歩飛び出す勇気を。**

少しの変化は軸を変えない。時間が経過すれば、元の木阿弥。

3　**新築も10年経過すれば、築10年。**

新築の見栄えの良さは勘違いである。10年経てば築10年、30年経てば築30年の中古住宅である。

4　**誰に信用されているか、誰に信用される可能性があるか再確認しよう。**

人は思い込みで生きている。鳥の目で自分を俯瞰し、現状を再認識するべきである。投資は信用を礎とする。金融機関にだけ信用されても基盤とはならない。

5　**副収入を増やす前に自己コントロール能力を磨かなければ、何の意味もない。**

稼いでも稼ぐ以上に使うと請求書の山ができる。

6　**安い物件がいいわけではない。**

郊外のマンションと23区のマンションならば23区のマンションに軍配があがる。なぜなら価格の下落率に明らかな差があるからである。

7　**新築マイホーム信仰の呪縛を解かなければならない。**

本人が納得しても鎖は切れない。伴侶と親族にも投資を理解してもらう必要がある。

8
家族を数値で判断してはならない。家族は感情で接しなければ思いやりは生まれない。
投資を志す方々は数値能力がすべからく高い。その物差しを家族に向けがちであるが、その刃は自分自身に向かってくる。

9
投資は、価値ある物を可能な限り安く取得すれば勝つ。資格も年齢も職業も関係がない。
自分の境遇を卑下してはならない。なぜなら、可能性の芽を自ら摘み取る行為だからだ。

10
表面上の数値の裏に隠れる固定費を甘く見積もってはならない。
業者や管理会社は表面上の数値しか語らない。なぜなら、価格下落や空室リスクなど隠したいデメリットは所有者に押し付け、仲介手数料や管理費などのメリットは自分たちで享受したいからである。

11
成果を吹聴する愚は避けるのが得策。兼業大家さんは隠れキリシタンに似ている。
嫉妬ほど怖いものはない。成果は無視され、つまらぬミスで評価される。

12
孤独になってはならい。セミナーなどに参加し大家さんを目指す友を積極的に求めよ。
最初の物件取得が最大の難関。「どうせ、自分は……」このクレパスに落ちても引き上げてくれる友を得よ。

13
小欲に溺れると、あさましくなる。大欲に飲み込まれると非情になる。
持ちなれぬ金は人を変える。なぜ、投資に踏み出したのか最初の動機を思い返せ。

14
いずれにしても、世界の富を一手に握ることは不可能である。中庸の至福を心の中に持て。
息つく暇もなく貸家を増やしても徒労に終わる。人生は想像以上に短い。

15
働く価値は金だけではない。永遠に続く自由な時間は人を孤独に陥らせる。
兼業大家さんの素晴らしい価値に気づくべきである。貸家からあがる家賃は財務基盤の強化と捉えよ。

16 子供と暮らす時間は予想以上に短い。子育てに失敗すると、人生を腐らせる。

働き盛りと子育ての時間はリンクするため、子育てをおざなりにしがちである。

17 最初の物件は借金で購入するな。

兼業大家さんは本業があるため、借金がしやすい。だが、その安易な手段によりかかると信用を食いつくされ、とんでもないことになる。

18 物件の所有権を会社にしてはならない。

不動産の名義は100％の意思が原則。貸すにしても売るにしても1％の異論があるとどうしようもない。

19 地方の賃貸マンションを購入する際、表面利回り15％以下の物件を購入してはならない。

RC造の賃貸マンションの固定資産税や都市計画税は高く、エレベーターのメンテナンス費用や共用部の電気料金の総額は年間100万円前後。また、大規模修繕費用もかかる。

20 出口戦略と枕言葉をつけた売却を予定した投資をしてはならない。

殆どが仲介業者の甘言と捉えよ。仲介業者の目的は売却時に見込める仲介手数料である。

21 貸家の運営を独占してはならない。

いつまでも生きるわけではない。突然死する可能性を除外すると遺族はいい迷惑である。

22 過剰な設備は不審がられるだけ。

貸家の設備を過剰にしてはならない。元が取れないどころか、賃貸仲介業者に不審がられる。

23 物件取得の主役は大家さんである。

不動産仲介業者に恩義を感じすぎると、彼らの思う壺。契約直前のドタキャンの選択肢を失うな。

24 **入居募集の主役は仲介業者である。**
自意識過剰な大家さんの物件は空室だらけ。なぜなら、周辺の仲介業者に嫌われているからである。

25 **貸家を感情で選択してはならない。**
人は理性的に行動しているようで感情に支配されている。貸家の購入を感情で行うと、数値で行き詰まる。

26 **競売物件を毛嫌いしてはならない。**
不動産を取得するには買う前、買うとき、そして買ったあとのどこかで苦労しなくてはならない。一番効果的な苦労は買うときである。購入手段で物件の下限価格は決定する。理論上、不動産の最も安い購入手段は競売で物件を落札することである。

27 **競売物件の調査は足で行う必要はない。**
一昔前、競売不動産の物件資料は管轄の裁判所で閲覧するか、物件資料をコピーした業者から購入するしかなかった。現在、最高裁判所が運営するＢＩＴというサイトがあるものの、より利便性の高いサイトがある。そのサイト名は９８１．ｊｐである。

28 **地方物件の購入は単独で行うと失敗する。**
地方物件の内見や現地調査を一人で行うには時間がかかり過ぎる。地域に根ざした業者の力を活用しなければ時間と費用で失敗する。

29 **管理を人任せにすると過剰な管理費や補修費用を支払うことになる。悪くすると、物件を手放すことになる。**
リフォーム費用の相場を知ること。補修費用の交渉を行う自由を手放してはならない。

30 **維持費をケチると空室は埋まらない。**
入居希望者の生活環境は高い。家賃が低いからこの辺でと、バカにした設備で済ませると当て馬物件にしか使われない。

31 **相続税対策で新築の賃貸物件を建ててはならない。**

各地で今も進行中の相続対策の賃貸物件。判断能力の低下したお年寄りを喰い者にする詐欺に似た罠に自ら嵌ってはならない。両親の言動にも目を光らせろ。

32 **節税対策を謳った賃貸物件を購入してはならない。**
法律に法った節税は税法の改正により一瞬にしてふいになる。販売会社は税法の改正のリスクを背負いはしない。

33 **500万円以上かかる大規模リフォームを実行する際、単独で行うと失敗する。**
500万円以上かかる大規模リフォームは業種が多岐にわたり、業種の調整が必須となる。また、価格交渉も見積もりに必要な書類を用意できなければ不可能である。建築士に依頼すれば、見積もりも可能で相場に応じた価格交渉もできる。また、工事期間も業者に依頼する方法よりも短期間で済む。建築士に支払うお金以上のメリットを享受できる。

34 **青色申告会を忘れてはならない。**
青色申告会には税務署のOBが天下っている。つまり、税理所事務所よりも信用がある。可能であれば、確定申告は青色申告会に入会して本人申請が最も格安で安全である。

35 **物件購入の金融機関だけに焦点をあててはならない。**
メインバンクと政府政策金融公庫の接点をつくれ。

火急の融資に応じてくれる金融機関を確保しておけば、優良な物件を見逃すことはない。

36 **満室になっても入居募集の不動産仲介業者とは接点をつくれ。**
雨天の友こそ、真の友。常に意識してもらうように。

37 **福は分け与えよ。独り占めにしてはならない。**
稼ぎ頭のご主人が一人で豪遊すると、家族の嫉妬を買う。家が安らぎの場でなくなると、ネオン街に行き、ますます居場所はなくなる。家族とともに福を祝う場を設けなければならない。

38　管理費と修繕積立金が家賃の三分の一を超える区分所有建物（マンション）は購入してはならない。

家賃が低い区分所有建物は金食い虫。財布に金を落とすどころか、取ってゆく存在になりかねない。

39　地方の区分所有建物に担保価値はないと心得よ

首都圏や大都市のマンションは価格が比較的安定している。専有面積55㎡以上であれば、金融機関は担保価値を認定する。しかしながら、地方のマンションは価格下落のスピードが速く、広くても担保価値は無い。地方のマンションはキャッシュフロー目的の所有とせよ。

40　家賃の入金管理は管理の要。おざなりにしてはならない。

家賃滞納は貸家業の癌。その発生は往々にして大家さんの管理不足に起因している。

41　メインバンクには求められなくても毎年の確定申告は提出しなければならない。

金融機関と言えども、構成員は人である。信用を高めるには、マメさに勝るものはない。

42　滞納者へ行き過ぎた取立てをしてはならない。

行き過ぎた取立ては犯罪行為となる。早朝や深夜に都度重なる督促の電話をしてはならない。

43　1981年以前の建物の耐震強度は弱い。

新耐震以降の建物は地震に強い。阪神淡路大震災、東日本大震災においても崩壊した建物は極わずかである。

44　平成以前の建物の水周りは全面改装する必要がある。

水周りの交換は多額の費用を必要とする。落札金額が安くても多額の補修費用がかかると、投資効果は半減する。

45　入居募集のレベルを下げると禍根を残す。

入居を急ぐ店子や、若く両親が健在であるにもかかわらず、保証人にならないなど、問題を起こす可能性の高い店子を入居させてはならない。

46 **火災保険の加入は所有権移動と同じ時期に。**

競売不動産、任意売却、そして一般仲介など不動産の取得方法は様々だが、所有権が移動したと同時に全てのリスクは移転する。喜んでばかりはいられない。

47 **「借りられるはず」は勘違い。**

担保価値十分の不動産だから、担保提供すればお金を借りられると思い込むのは間違い。金融機関からの融資は結婚に似ている。事前協議がなければ成立するものも破談となる。

48 **周辺の貸家の入居率を無視してはならない。**

入居率50％平均の地域にアパートを購入しても先は見えている。「満室になれば……」は仮定の話である。半径200m～300mの入居率調査を癖にしなければならない。

49 **街の人口密度と産業の構成要素を大切に**

一平方キロメートル当たり、1000人以上が賃貸需要のハードルである。500人以下は避けるべし。

50 **最初の物件はアパートよりも戸建**

自宅に求める最大の欲求はプライベート空間である。その点、戸建住宅は完全なプライベート空間を確保できる。

51 **新興住宅街の物件を購入してはならない。**

新興住宅地の居住者は似通った家族構成である。当初、消費意欲は高く郊外であってもスーパーや学校など新設されるものの、子供が巣立ち居住者が高齢になると、街は勢いをなくしてゆく。不動産の価値は街の魅力が源泉、遠くない未来に価値の下がる不動産はお勧めできない。

52 **海外不動産に投資するのは時期尚早。**

利回りを基準に置くと、日本の不動産価値は海外不動産に比較して半額以下である。海外不動産の利回りは驚くほど低い。その上、所有権が明確に保証されていない国も多い。今、投資をするのは時期尚早と考える。

53 経済的独立を果たした後、不動産業に転進してはならない。

兼業大家さんのスキルを獲得すると、給与所得よりも貸家から上がるキャッシュフローが多くなる時期が必ずやってくる。だからと言って、兼業大家さんのスキルが不動産業者以上になったわけではない。不動産業に転進すると、これまで仲の良かった不動産業者は全てライバルとなる。安易に考えると後戻りできなくなる。

54 安易な脱サラは家庭崩壊の第一歩。

脱サラして驚くのは、全ての経費は『自腹』という事実である。名刺、交通費、喫茶店代、そして通信費もすべて自腹である。自分のデスクはなく、街を彷徨っても受け入れてくれるところはない。家にいると、邪険にされる。（こんなはずじゃなかった……）皆さんにはこんなことを思って欲しくない。

55 足るを知らなければ、焦燥感から離れられない。

貸家を一軒所有すると、二軒目、三軒目が欲しくなる。十軒を超えると、三十軒、五十軒が欲しくなる。どこかで区切りをつけなければ仕方がない。焦る必要は無い。

56 日本の家族は社会主義。子供には資本主義を教えなければならない。

子供の生活環境は家庭で決まる。ただ、社会人になると激烈な競争に晒される。ここで子供たちはショックを受ける。なぜなら、家庭においての評価はせいぜい学校の成績だけ。儲ける、仕事を取ってくる、納期に間に合わせると言ったことを経験していないからである。

57 経済的安定を得た後は、家族にスキルを引き継ぐべし。

儲けるシステムを構築した後はそのスキルを如何に引き継ぐかにかかっている。また、引き継ぐという意思を持てば、自らのノウハウを論理的に考え人に伝えるまで昇華させることが可能となる。

58 店子からのクレームへの備えを忘れてはならない。

大家さんと言えどもビジネスである。ビジネスであるからにはクレームは発生する。その心構えを忘れると、慌てて焦り嫌になる。

59 **保証会社を活用するときは、家主の通告義務を忘れてはならない。**
保証会社は大家さんに家賃滞納の通知義務を課している。通常であれば、家賃滞納の発生時から一ヶ月、場合によっては二週間という短期の通知義務を課している保証会社もある。

60 **入居率が下がったら、周辺の不動産仲介業者と食事会を催せ。**
入居率のダダ下がりは地獄の釜を開けるのと同様である。入居率の下がった原因は様々であるが、一番の原因は不動産仲介業者とのコミュニケーション不足である。まずは、仲良くなるために食事会から始めてはどうだろう。同じ釜の飯を食えば、これまで口にしなかったことも教えてくれる。

61 **常に300万円のフリーキャッシュを手元に置け。**
金が無いのは首が無いのと同じ。大家さんたるものそれではいけない。いつでも出動準備をしていなければならない。300万円の現金はなかなか威力がある。明日にでも引き出せる弾を用意しておくにこしたことはない。

62 **空室率が2割を超えたなら非常事態。返済に問題がないとしても、根本的な解決策を取れ。**
空室が2割を超えると、3割、4割になるのは早い。2割で問題ないとしても3割、4割の空室率に耐えられる大家さんは稀。手遅れにならないうちに手を打たなければならない。

63 **返済に困難を感じたなら、金融機関に事前に通知。無断で返済を止めてはならない。**
事前通告なしの返済ストップは金融機関に対する宣戦布告と同様である。事前に相談をし、リスケなどの対策を講じなければならない。

64 **可能であれば、経済的独立を果たす以前に結婚しろ。**
金を持つと、人の好意を斜に構えて見てしまう。失敗したくないなら、金を掴む前に結婚すべし。

65

学歴、身長、容姿、勤め先、年齢などにハンディがあったとしても、兼業大家さんならば結婚相手は見つかる。

客観的に見て自分に魅力が無いとしても、大家さんになると魅力はある。諦める必要は無い。不足するなら自らの魅力を作り出せばいい。

66

国民年金や厚生年金、そして生保の年金などに頼る必要はない。

政府は財政の都合で老後の社会保障制度を一方的に変更する。個人は政府を過大に評価するから期待し、がっかりしてしまうのだ。個人でなんとかできるなら、自ら動けばいい。

67

生保にかける金があるなら、兼業大家さんになれ。

日本人はとにかく生命保険に金をかけ過ぎるきらいがある。生保の仕組みは一兆円集めて、5000円億円を支払うという仕組み。まずは自らの腹を満たしてから契約者に回すのだから、悪辣である。

68

兼業大家さんの典型的な姿は、課長代理にして社長以上の給与。

兼業大家さんを目指す方の最大の動機は、当たり前に働いて当たり前に暮らすことである。ただし、当たり前に兼業大家さんへの努力を継続すると、課長代理なのに社長以上の金を手にできる。

69

親が働くからこそ、子供たちも働こうと考える。

専業で安穏とした大家さんの姿を見せれば、勉強や勤労の意欲を削ぐことになる。

親が働かないと子供もそれが当たり前だと思う。そして「僕の物になるんだよね。早く親父死なないかな」ととんでもない希望を抱いたりする。まずは働く親の背中を見せることが大切である。

70

退職金で住宅ローンを返済してはならない。

返済途中の自宅の大半は不良債権である。ただ、返済期間は長く返済金額も少ない。だから、退職金で完済したい気持ちは分かるが、そのようなアクションに意味はない。なぜなら、もう二度と一千万円単位の大金を手にできず、知人も金融機関も一千万円単位の大金を貸そうとしないからである。退職金で自宅と同様の戸建を少なくとも二軒程度入手できるのではないだろうか。そうすると、一軒の家賃で住宅ローンを返済し、もう一軒からは少し早い個人年金を手にできる可能性が高い。

71 **住宅ローンの繰上げ返済は意味がない。**

住宅ローンの繰上げ返済をするならば、貸家に投資した方がキャッシュフローは充実する。貸家から上がる家賃で住宅ローンを返済できるようになれば、住宅ローンを返済したのと同様である。

72 **退職金で起業した人の8割は5年以内に勤め人になる。**

起業は口で言うほど簡単ではない。これまで会社の看板で評価された人々が起業すると、固定費の多さ、信用力の無さ、そして詐欺を働く人々に驚く。さらに、事業計画はぼろぼろで、資金はすぐに底をつく。

73 **不動産仲介業者で生き抜くのは至難の業である。**

不動産業者は金まわりが良いと思う人が多い。確かに一面の事実ではあるが、その影には夜逃げ、自殺、事件が纏わりつく。いい夢は短く、悪夢は長いのが不動産業の実態である。

74 **人は違う人生を生きることは不可能である。他人を羨む必要はない。**

誰しも自分の人生を生きる。決して他人に成り代われないのだから当然のことである。にもかかわらず、嫉妬や羨望はゴシップ誌の華である。自分の人生は自分がコントロールできる。ならば、他人を羨む必要はない。

75 **出自や年齢、性別にスキルを問わない職業はそれほど多くない。大家さんは出自を問われない職業の一つである。**

前科のある人々は自暴自棄になりやすいが、諦める必要はない。例え、苦界に身を落としている女性であっても大家さんに焦点を当てれば再スタートは容易である。

76 **副業に勤しむと、本業をダメにしかねないが、大家さんは兼業である。**

皿洗いや深夜の店員、そして土日の肉体労働など。本業を持ちながら副業に勤しむ人々を見かけるが、虻蜂取らずになりかねない。

また、心身に問題がないとしても副業を見つけられると本業に差し障る。その点、大家さんは完全なる兼業であり、服務規程で規制できない。なぜなら、規制する側の人事部長にしても実家を相続すれば大家さんになる可能性があるからである。

77
一本調子に物件を増やすと破綻する。
鉄砲階段は一旦足を滑らせると奈落の底まで一直線となり、危険である。だから、殆どの階段では踊り場が設けられている。大家さんでも同様に考えて貰いたい。貸家を増やさない期間を設けて、入居率アップに努め収益力を増加させる時期を大切にしていただきたい。

78
再建築は新築と同じである。
貸家が古くなり、建て替えを進められたとしても安易に応じてはならない。再建築と言えど、新築と同じ。返済途中に土地と建物を含めて債務超過になると金融機関からの信用は失墜する。

79
道路付けに問題のある土地は担保価値が低い。
建築基準法上の道路に接道していない土地の担保評価は低い。融資担当の意見には耳を傾けるべきである。

80
現地調査を疎かにすると、手痛い失敗を蒙る。ただし、本人が行かなければならないと言うものでもない。
競売不動産の物件明細書は期間入札の半年前に作成されているので、現状は不明である。現地調査では物件明細書と同様であるかどうか、変わっているのであれば、その理由は何か調査をしていただきたい。時間を確保できないならば、地場の不動産業者に調査を依頼することも選択肢の一つである。

81
優良な貸家を購入するには数多くの「No」を突きつけなければならない。
買うときの苦労とは、多くの物件に「No」を突きつけること。そして任意売却物件ならば、売却基準価額の半値なら買うなど、非常識な要求を突きつけて、冷や汗をかくことである。

82
現地調査には平日と休日、そして昼夜を分けて行う必要がある。
物件の環境を確認するには平日、休日、そして昼夜の別で判断しなければわからない。

83 **20㎡以下のワンルームを購入してはならない。**

20㎡以下の貸家はよほどの人口密集地以外、賃貸需要は低くなる。

84 **㎡あたりの月額期待家賃が300円以下の物件は現金で購入しても赤字になる。**

貸家に再リフォームは付き物。その積立金額は月額㎡当たり200円前後となる。税金は㎡当たり100円、合計㎡当たり300円は控除すべき金額である。にもかかわらず、家賃が㎡当たり300円以下であると、赤字になる可能性がある。

85 **火災報知器の不設置は大家さんの責任を問われる可能性がある。**

消防法が改正され、火災報知器の設置は大家さんの責任となっている。

86 **天井高は重要、2200㎜以下の物件は避けるべきである。**

建築基準法によると居室の天井高は2100㎜以上である。バブル期、階層を増やすため、2100㎜ちょうど、もしくは2105㎜の物件が建てられた。まず、圧迫感を感じる。賃貸需要も低く、入居したとしても短期間で終わることが多い。

87 **ニュースには多くの嘘と誇張が含まれている。事実を見極める目が求められる。**

人口減少が叫ばれているが、その大半は嘘ではないものの誇張である。なぜなら、世界人口は毎年一億人増加している。10年以内に移民が議論され、20年以内に移民は当たり前になるだろう。また、日本は破綻寸前であると報じられているが、国債発行残高のみに焦点を当てたものである。財務諸表の資産としてカウントされる政府所有の金融資産や不動産、そして国民所有の1400兆円の金融資産は棚上げされている。

88 **和式トイレ、バランス釜、洋室無し、瞬間湯沸かし器、室内洗濯機置き場無しは、設備ハンディのベスト5である。**

購入対象物件の設備にこの5つの設備がある場合、更新費用を積算して考えなければならない。

89 **上り坂の物件と長い階段の続く貸家物件は避けるべし。**

玄関まで長い階段の賃貸物件は魅力が低い。また、上り坂も同様である。入居希望者は一目見ただけで踵を返す。

90　地方物件の賃貸物件は駐車場確保が必須。マンションよりも駐車場スペースのある戸建物件に軍配は上がる。

公共交通の充実していない地方での足は今後もクルマであることは論を待たない。首都圏の方は駐車スペースを軽んじているが、盲点になりかねない。

91　競売不動産の占有者は物件明細書から判断せよ。

占有者の人柄は占有解除の指針となる。執行官との面談は成立しているか、会話に不審な点はないか、主張に自己中心的な箇所はないか。そして、部屋の内部はバランスを欠いていないか、関係者陳述書と内部写真から読み解く必要がある。

92　協議してはならない不法占有者の特徴と対策。

過大な敷金の要求、低い家賃の主張、工事費の返還要求など、新所有者に対しての非正常な要求をする人間。もしくは執行官と会いもしない占有者と協議をしても無駄と考えるべきである。また、何の関係もない人間が落札者に「抗告」を書面に書いて牽制する動きがある。いずれも連絡を取る必要はない。更に、過大な退去費用を支払わなければ、室内を壊すと脅す輩には、管轄の警察署に告訴すれば解決する。強制執行妨害罪という法律により、現在は警察も競売不動産の占有解除に積極介入するようになった。

93　防災マップを閲覧せずして物件を購入してはならない。

地震、洪水、大規模火災などの危険性は防災マップに記載されている。

94　傾いた貸家は選択肢から外せ。

地盤沈下で傾いた家も売却対象となるものの、復旧費用は少なくとも５００万円前後を計上しなければならない。周辺地価が坪50万円以上する地域でない限り、購入対象とすべきではない。

95　借地権付及び定期借地権付マンションを購入してはならない。

昭和54年以前、借地権付マンションが建てられていた。採める元である。また、昨今は定期借地権付マンションが販売されている。借地期間は50年と長期であるものの、有限であることに変わりない。仮に30年経過すると残りは20年である。さて、20年しか住めないマンションに担保価値はあるのだろうか。また、購入者はいるだろうか。

96 **持分売却の競売不動産を初心者が購入しても利益は出ない。**

持分2分の1の売却など、競売不動産は多種多様である。こうした特殊不動産の料理の仕方はあるものの、初心者は避けるべきである。

97 **入居者のいない物件は生活インフラが破壊されている可能性がある。**

居住者のいる不動産は上下水道、雨漏りなど生活インフラは保たれていると推測できる。空き室の場合、下水道が詰まっている可能性もあるので慎重な検討が必要である。

98 **事故物件（自殺や殺人事件）はよほどのことがない限り入札してはならない。**

事故物件は入居者にその事実を説明しなければ損害賠償の対象となる。告知期間は事件の発生から5年と長期に渡る。少なくとも周辺の家賃よりも30％は安くしなければならない。そうしたデメリットを考慮しなければならない。

99 **公道にいたる通路に他人の許可が必要な物件は避けるべし。**

地方の戸建物件の場合、親類縁者の土地に建物を建設している例もあり、公道にいたる道も考慮しないままのケースも見受けられる。新所有者は旧所有者の親類縁者ではないため、通行料が無料で済むはずもなく、許可もスムーズにはいかない。なるべく採めない物件を選択すべきである。

100 **農業従事者以外の一般人が農地に入札することは不可能である。**

農地は未だ、農業従事者もしくは農業法人のみ購入可能である。検討するだけ無駄である。

101 **建物収去命令の確定した物件は入札してはならない。**

借地権を解除された建物は撤去し更地にした上で地主に返却しなければならない。どんなに安くても入札してはならない。

102 **借地権に争いのある物件は避けよ。**

借地権に問題のある不動産は、仮に解決可能だとしても長期の協議が必要である。合意に至るまで、売却も賃貸も不可能であることが多く、避けるべきである。

103

事業規模以上（5棟または10室）の大家さんは自宅の維持費（家賃または維持費）の半分は経費計上できる。

事業規模以上になると、専従者給与の支払いや控除そして経費（自宅の事務所使用など）を計上可能となる。

104

夜逃げした店子の家財道具を手続きなく撤去してはならない。

夜逃げした店子の家財道具を勝手に撤去すると損害賠償をしなければならない可能性がある。こうした場合は連帯保証人に家賃を請求し続けるか、連帯保証人に家財道具を引き取って貰うことを要求すべきである。

105

落札したマンションの滞納管理費の合意前に1円でも支払うと過去の滞納管理費全額を請求される。

商事債権の短期消滅時効により、買受人が引き受けるべき滞納管理費の上限は60ヶ月である。ただし、時効は援用する意思を管理組合に表示しなければならない。また、合意途中に滞納管理費を一円でも支払うと、時効は中断され全ての滞納管理費を支払わなければならない。

106

瑕疵担保責任を負わない中古不動産を検討する場合は、専門家の意見を尊重するべきである。

中古不動産、特に任意売却不動産の重要事項説明では『現状有姿』を記載し、特約時効には『売主は瑕疵担保責任を負わない』と記述している例が多い。この場合、専門家の意見を聞くべきである。もちろん、競売不動産に瑕疵担保はない。

107

テナントの運営は経験がなければ手を出すべきではない。

ソシアルビル、そしてテナントの20％〜30％は夜逃げで終わる。また、いったん空くと、なかなか次の入居者が現れない。また、地方のビル経営は悲惨である。賃料が安いにも係わらず、維持管理費は通常のビルテナントと同様にかかる。地方のビル所有者の大半はビルメンテナンスを行うためにビルを所有していると言っても過言ではない。

108

市場価値の7割以上で購入する際はよほどメリットがはっきりしていなければならない。

不動産を購入するには登録免許税、不動産取得税、仲介手数料など諸経費が10％はかかる。また、売却するには売却のための仲介手数料3％が必要である。また、早期に売却するには値引きも考慮しなければならない。概ね、20％は消えると考えて間違いない。市場の7割以上で購入すると、売却により撤退することが不可能となりかねない。

あとがき

私が最初の本、「サラリーマンでも大家さんになれる46の秘訣（実業之日本刊）」を出版したのは二〇〇三年の六月ですから、もう少しで一〇年になります。

一〇年、長いようであっという間でした。その間、多くの方々の相談を受け、私なりの回答を申し上げて参りました。また、不動産競売を身近な物にするため、一般社団法人不動産競売流通協会の立ち上げを応援し、ノウハウを提供してきました。その結果、不動産競売格付けサイト９８１．ｊｐ（アドレス：http://981.jp）が誕生し、平成二四年三月一日、楽天と提携しました。今では月間二〇〇万ページビューを超えるサイトに成長しています。すべては一人でも多くの兼業大家さんの誕生を願ってのことです。

「どうすれば、大家さんになれますか？」

最初はどう説明すればいいのか戸惑っていましたが、今なら自信を持ってこう言います。

「どんぶり勘定で経営できるように安く貸家を購入し、家族で協力して運営すること。付け加えるなら、仲間と交流し賃貸仲介業者さんや補修業者さんと仲良くすることですね」

ぎりぎりの経営だと、何か一つトラブルが発生すれば赤字に転落します。そして家族仲が悪いと、賃貸ビジネスにも影響が出てしまいます。そして賃貸仲介業者や補修業者さんに嫌われると、空室率は上昇し、返済もままならなくなるのに時間はさほどかかりません。

ただ、そうは言っても心に残らない。字面を追っても知識以上に昇華することは稀です。そのもどかしさは「机上の水練」と似ています。やはり、経験をしなければ、血肉にならないのです。しかしながら、積極的に失敗するのは「間抜け」のそしりを免れません。そこで、ケーススタディとなる25の物語を記述し、それぞれに解説をいたしました。

最初は「へぇ〜、そうなんだ」で構いません。二度目はそれぞれの主人公の置かれた立場、立ちはだかるトラブル、そして登場人物の気持ちの変化にもフォーカスを当てて頂きたい。何度も読めば、皆さんの心の中に疑似体験として定着することでしょう。

「今、読み終わったばかりなんだよ」

あなた自身の問題です。受験の時も何度も参考書に取り組まれたはず。一度読んで忘れない自信が果たしてあるでしょうか。すぐでなくても構いません。一週間置いて再読する。次は一ヶ月後にもう一度読む。何度も読むことで、25のストーリーがあなたの中で定着します。まるで、経験したかのように。

そうなればしめたもの。25のストーリーはただの物語ではなく、いつでも引き出せるノウハウとなることでしょう。やってはいけないアクションからなるだけ離れ、好ましい行動を取れば、あなたの人生は安定したものとなります。年金に頼る必要も会社の業務命令に盲目的に従う必要もありません。自らの良心に従い、仕事のための仕事に邁進できるのです。

藤山 勇司（ふじやま・ゆうじ）
1963年、広島県生まれ。大学卒業後、商社に入社、飼料畜産部などを経て建設不動産部に異動。ここで競売のノウハウを蓄積し、サラリーマン兼業で大家さん業をスタート。2003年、専業大家さんに。『サラリーマンでも「大家さん」になれる46の秘訣』（実業之日本社）を執筆し、大ヒット。元祖サラリーマン大家さんとして、TVなど様々なメディアで活躍。現在10棟94室所有。年間のCFは1800万円。

カバーデザイン▼E Branch　冨澤崇
カバー写真▼freierjpmann
図版作成▼原 一孝
本文デザイン▼bird's eyes

不動産投資《ふどうさんとうし》25の落《お》とし穴《あな》

2012年4月25日　初版発行
2013年9月9日　4刷発行

著者　藤《ふじ》山《やま》勇《ゆう》司《じ》
発行者　常塚嘉明
発行所　株式会社 ぱる出版

〒160-0011 東京都新宿区若葉1-9-16
03(3353)2835 — 代表　03(3353)2826 — FAX
03(3353)3679 — 編集
振替　東京 00100-3-131586
印刷・製本　中央精版印刷(株)

ISBN978-4-8272-0710-1 C0033